U0876679

识干家

企業閱讀　學以致用

CHINA STONE 华夏基石

华夏基石丛书

华夏基石方法：企业文化落地本土实践

王祥伍　谭俊峰◎著

電子工業出版社
Publishing House of Electronics Industry
北京 • BEIJING

图书在版编目（CIP）数据

华夏基石方法：企业文化落地本土实践/王祥伍，谭俊峰著．—北京：电子工业出版社，2013.8
ISBN 978-7-121-20737-2

Ⅰ.①华… Ⅱ.①王… ②谭… Ⅲ.①企业管理－咨询公司－企业文化－研究－中国 Ⅳ.①F279.23

中国版本图书馆 CIP 数据核字（2013）第 133178 号

书　　名：华夏基石方法：企业文化落地本土实践

作　　者：王祥伍　谭俊峰
策划编辑：郭景瑶
责任编辑：郭景瑶
印　　刷：三河市文阁印刷厂
装　　订：三河市文阁印刷厂
出版发行：电子工业出版社
北京市海淀区万寿路 173 信箱　邮编：100036
开　　本：710×1000　1/16　印张：15　字数：170 千字
印　　次：2013 年 10 月第 2 次印刷
定　　价：39.80 元

凡所购买电子工业出版社图书有缺损问题，请向购买书店调换。若书店售缺，请与本社发行部联系，联系及邮购电话：（010）88254888。
质量投诉请发邮件至 zlts@phei.com.cn，**盗版侵权举报请发邮件至** dbqq@phei.com.cn。
服务热线：（010）88258888。

观点提要

- 管理是一种实践，成功的文化落地方法不是来自于设计，而是来自于众多**优秀企业的反复实践和经验**，这是我们最为可信的文化落地指南。

- **领导垂范**是企业文化落地的第一推动力和持续推动力，而领导如何垂范是令很多人困惑的难点，埃德加·沙因教授给出了领导如何垂范的具体指南。

- **“理念”**还只是理性上的认可，而**“信念”**是情感上毋庸置疑的认同，两者一字之差，却成为文化落地过程中难以逾越的“乔戈里峰”。

- **理念**是制度之灵魂，**制度**是理念之骨架，制度借助理念获得方向，理念借助制度获得力量，把理念与制度融合，在理念的基础上设计制度是文化落地的高难度动作。

- 企业中**文化榜样**的最大作用在于率先实现文化从理念到行为的突破，而从文化榜样的行为中提炼和萃取标准化的行为模式是发挥文化榜样作用的关键。

博瑞森图书：企业视角　本土实践

亲爱的读者朋友：

也许您是博瑞森图书的老读者，也许是新朋友，欢迎您阅读博瑞森图书！

当今中国，各行各业都存在着转型升级的压力与机遇。博瑞森图书与您一同应对转型挑战并发现其带来的机遇。

我们一直在问：什么样的书能为您解决管理难题并带来启发？

我们一直在找：哪些作品最能帮助企业从跟随到领先？

我们一直在做：把最好的作品以最便捷的方式呈现给您，纸质版、电子版、听读版、书摘邮件、微信……

我们策划图书的原则是：

- 企业视角——与您一样，做水中的游泳者，而非岸上的观众或教练，企业的困惑就是我们的任务；
- 本土实践——与您一样，立足本土环境，追求卓越实践，传播最适合当下中国企业的管理之道。

我们希望您：把阅读各类经营管理类图书时的遗憾或收获，告诉我们（13611149991），我们将认真聆听。

如果有一天，您把博瑞森图书视为您优秀的事业伙伴、管理助手，我们也就实现了自己的梦想。

博瑞森图书

010－51900529

bookgood@126.com

推荐序

企业文化的力量

中国人民大学教授、博士生导师
华夏基石管理咨询集团董事长、总裁　彭剑锋

我们所处的时代是一个随时发生质变与充满不确定性的混沌时代：灰度色调、网状结构、多元文化、中间状态、虚拟世界、云数据平台……这些令人眩晕的新词汇使中国企业进入了新的价值迷惘期、内外矛盾纠结期及发展方向两难选择期。

在这样一个不确定的灰度世界，中国企业要想走出混沌，要想持续创造高绩效并打造全球竞争力，必须重回文化的基本面：即重新思考企业的使命、定位与核心价值观；企业的产品与服务要回归客户价值，回归人文关怀。

通过对企业文化进行整合与管理，企业形成共享的愿景、目标与核心价值体系，指引员工在混沌中找到正确的发展方向，并通过企业

核心价值观的践行与落地，推动企业形成核心竞争力，实现战略目标。

笔者认为，企业文化作为企业软实力的源泉，作为企业持续健康成长的内在力量，主要体现在以下六个方面。

（1）**文化是一种信念，它让组织迸发激情。**信仰激发的内在力量是不可估量的，人如果为理想和信念而工作，将发生核裂变，产生核能量。追求使命，让人有激情，激发人的潜能和提高创造力，使人做事奋不顾身，勇于奉献。卓越的组织一定是由共同信仰者组成的。

（2）**文化是一种立场，它让组织理性。**文化是一种是非判断标准与价值立场，是企业处理内外矛盾关系的终极判断标准与准则。坚守价值观可以使人的欲望与激情得到释放，让人在各种诱惑面前有理性、有原则、有底线；让人对制度与规则有敬畏感；使人做事执著且不犯糊涂。

（3）**文化是一种假设，它是引领组织走向正确道路的牵引力量。**文化是隐含在价值观背后的基本假设，企业不知道未来会怎么样，但需要对未来做出基本假设，如企业对未来经营环境的假设、对相关利益关系的假设、对战略目标与核心能力的假设等。正确的经营假设可以使企业走上正确的发展道路。从某种意义上说，文化就是企业的发展之路。

（4）**文化是一种共识，它让组织形成凝聚力与协同力。**文化是组织成员达成的共识，这种共识使组织成员目标一致，拧成一股绳，从而形成组织的凝聚力。文化是组织共同的语言传递系统，共识可以降低内部交易成本；共识让组织增强信心；共识产生协同力；共识让人与人的关系变得单纯，让管理变得简单。

（5）**文化是一种习惯，它让组织具有独特的核心能力与惯性的力量。**企业文化是一个企业在成长发展过程中，经过长期积淀形成的独特的核心价值观、思维方式和行为方式。企业文化是企业最有价值的宝贵财富，是企业核心竞争力的源泉，是组织成长的路径。

（6）**文化是一种契约，它让组织产生承诺与道德的力量。**文化是一种心理契约，促使组织成员产生内在的心理约束与组织承诺。这种道德与信任承诺的力量，提升了员工的自我管理能力，使人变得简单并具有自我约束力。

企业文化对中国企业的持续健康成长能否真正产生上述六种正能量，关键在于企业核心价值观的践行与落地。企业文化如何践行与落地是企业文化建设过程中公认的难题，管理者对之一筹莫展，管理理论研究者视之为畏途，以至于中国企业进行了30多年的文化建设实践，在企业文化如何落地方面，仍然处于混沌之中。

令人欣慰的是，中国的一些卓越企业：华为、联想、海尔、美的、东阿阿胶、奇正藏药、中国移动等，依靠管理者的智慧洞察和大胆实践，在企业文化如何落地方面，逐渐沉淀和积累了一些宝贵经验。以这些经验为基础进行系统的思考，一条企业文化落地的路径在混沌中似乎隐约可见。

华夏基石作为一家以文化和人力资源见长的咨询公司，有幸在多年的咨询实践中，接触到这些卓越的企业，并有幸参与了这些卓越企业的文化建设实践，亲历了他们企业文化落地的整个过程，积累了大量一手的最佳实践案例与资料。

作为企业咨询从业者，华夏基石的文化咨询团队深感这些经验和资料的宝贵，同时也深感自己责任的重大。我们认识到，我们有责任把中国卓越企业群体的企业文化落地经验进行总结，并且有责任以自己的专业视角，对企业文化落地工作进行系统思考，形成基于中国管理实践的企业文化落地理论与方法。华夏基石企业文化咨询公司第一任总经理王祥伍先生编撰的这本书就是华夏基石文化咨询团队对中国多家卓越企业的文化落地实践进行系统思考的成果之一。

本书在两个方面弥补了国内同类图书中的不足：

（1）**思考的独创性与系统性**。作者以其对企业文化落地的独特见解与丰富的实战经验，系统阐述了企业文化落地的理论和方法，清晰地展示了企业文化落地的路径，毫无保留地奉献了华夏基石同仁及作者本人在咨询实践中独创的企业文化落地的工具方法，使阅读此书的人可以快速获得企业文化落地的整体思路并找到系统解决方案与实操方法。

（2）**案例的丰富性与可靠性**。本书在文化落地的每一个环节都列举了大量翔实和有针对性的案例，读者即使不理解相关的理论，也可以对照着标杆企业的案例进行模仿，极大地提高了现实的可操作性。而且，书中大部分案例来自于华夏基石直接服务过的客户，属于文化落地实践的最宝贵的一手资料，其真实可靠性和可借鉴性非常强，这一点尤为可贵。

企业与企业之间的竞争最终是企业文化层面的竞争，中国的企业要想走向世界，成为基业长青的卓越企业，必须在企业文化建设上迈过文化落地这道坎。华夏基石愿意和企业界以及理论界的朋友继续探索、完善文化落地的理论和方法。

是为序。

2013 年 3 月 19 日

前言

一本写给什么人的书

本书主要写给以下几类人。

企业领导人。企业文化与领导力是一个问题的两个方面，无论多大的企业，企业领导始终是企业文化建设的第一责任人，但领导如何推动企业文化建设，如何将领导力与企业文化建设相结合，相信大多数企业家并不清楚。本书在领导者如何发挥作用方面，给出了可以操作的框架性建议，相信会给很多企业的领导者带来启发。

企业中从事文化建设相关工作的人。企业中的党群部、战略发展部、人力资源部、综合办公室、文化品牌部等部门，或多或少都会承担一定的文化建设工作。由于一直缺乏系统的、可操作性的文化落地指导，很多从事文化建设的企业工作者常年处于迷茫和困惑之中，想有所作为，但不知从何做起。相对于业务部门的工作而言，文化管理工作实在是太抽象。市面上大多数有关企业文化建设的图书太空、太理论化，看后令人一头雾水，不知所云。本书从实践出发，系统总结了企业文化落地工作的方法，而且每种方法都附有案例以供读者借鉴。相信对大多数企业文化建设工作者而言，本书是一本不可多得的实用工作指南。

企业文化咨询师。在众多的咨询板块中，企业文化咨询是最让咨询师头疼的板块，没有系统的理论、没有通用的方法、没有现成的工具，文化咨询让很多年轻的咨询师望而却步。本书提供的理论框架和操作方法相信会是有意从事文化咨询工作或正在从事文化咨询工作的咨询师的“得力助手”，他们在现实中遇到的很多问题，本书都有解决方案。

企业文化理论研究者。本书虽然不是为理论工作者写的，但书中精选的案例大多来自国内外企业的管理实践，有相当一部分案例资料直接来自华夏基石的咨询案例库。这些宝贵的一线实践资料对文化理论研究者而言，平常是很难得到的，书中经典的案例、独特的视角相信会给理论研究者带来一定的帮助。同时，本书的理论框架也是华夏基石多年的实践总结，具有一定的现实指导意义。

最后，简单地介绍一下本书的基本结构：

本书共分为九章，第一章系统地讲述了当前中国企业在文化建设中普遍遇到的困境及原因，并给出了解决企业文化落地难题的基本思路，即企业文化落地的“知信行”模型；第二、三章讲述了企业文化落地“知信行”模型中的“知”——如何把企业家个人的理念变成全体员工的理念（企业的理念）；第四、五、六章讲述了“知信行”模型中的“信”——如何把企业的理念变成企业的信念，从“知道”到“相信”；第七、八、九章讲述了“知信行”模型中的“行”——如何把企业的信念变成员工的行为习惯，从“相信”到“行为本能”。

目录

“知”篇　从“企业家”的理念到“大家”的理念

"行"篇 从大家的"信念"到大家的"习惯"

第七章 如何实现理念向行动的突破——英雄与经验

企业文化落地本土实践

第一章　复杂的文化转基因工程

第一节　企业文化建设的普遍尴尬

■ 花钱买折腾

中国企业从20世纪80年代初期就开始关注企业文化问题，大量有关企业文化的书籍被引进中国，例如威廉·大内的《Z理论》、帕斯卡尔的《日本企业管理艺术》、汤姆·彼得斯的《追求卓越》、约翰·科特的《企业文化与经营业绩》、埃德加·沙因的《企业文化与领导》《企业文化生存指南》、阿伦·肯尼迪的《企业文化》、吉姆·柯林斯的《基业长青》等，国内学者也开始根据自己的理解出版了各种各样的企业文化理论与建设实践方面的书籍。

与此同时，从事企业文化培训和咨询的个人和公司开始大量涌现，广播、电视、网络上企业文化培训的相关内容比比皆是，从事企业文化咨询的公司多达上万家。各种各样的企业文化研究机构，例如企业文化研究会、企业文化促进会等纷纷出现，文化论坛、文化会议、文化报刊和杂志等更是层出不穷。

经过将近三十年的学习与传播、探索与实践，企业文化在中国的管理学界和企业界都已经得到足够的重视。很多企业家谈起企业文化来都头头是道、口若悬河；很多企业、政府单位，包括很多城市都提出了自己的使命、愿景、价值观、精神等文化理念。对比一下中国企业（包括其他组织）所提的文化理念，绝对不比世界上任何一个伟大企业的文化理念差，单纯从文字上看，甚至比他们的更好、更成体系、更有文采。《华为基本法》《华侨城宪章》《新奥纲领》《白沙文化法典》等，不胜枚举，仅听听这些称谓就感觉很有文化。

这些理念出台后往往被寄予厚望，希望能够由此走向卓越和基业长青之路。但是，几年过去了，除了口头上的文化词汇与世界接轨越来越快以外，一切照旧，“山还是那座山，牛还是那头牛，人还是那群人”。环境没变、语言没变、行为没变、氛围没变、服务没变、产品没变、业绩没变，当然命运也没有改变，大部分企业是“银子花了，眼界开了，企业折腾了，一切还是老样子”。

知行难合一

几年前，我们在给一个电信类企业进行文化诊断时，发现这样一个现象：该企业所属的几十个省级公司中都不同程度地存在着“理念先行，行为滞后”的情况。我们进行了四组配对研究，每一组都包括互相对应的理念题和行为题。判定为理念的问题提法是“您认为应该是什么”，判定为行为的问题提法是“在您的企业中，实际是怎样做的”。统计规律发现，对理念的认同远高于对行为的评价，如表 1 - 1 所示。

表 1－1 “理念先行，行为滞后”的统计支持

理念（认同度）	行为（评价）
公司竞争优势取决于人才优势（83%）	员工职业生涯规划做得很好（24%）
处理冲突，公开机制比私下处理更有效（66%）	公司已建立了公开处理冲突的机制（18%）
让顾客满意，应优化服务交付过程（65%）	目前的服务交付过程让客户满意（47%）
营销人员收入应取决于业绩（89%）	营销人员业绩目标和奖励标准科学（13%）

如图 1－1 所示，根据对理念和行为的评价差异度的比较分析，有超过 88% 的被调查者理念与行为差异度大于零，有 50% 的人差异度大于 17，30% 的人差异度大于 24，10% 的人差异度大于 36，表明理念先于行为的差异程度比较大。

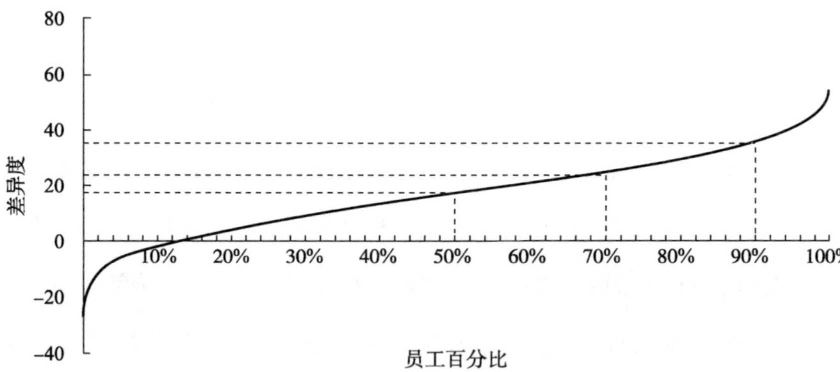

图 1－1 理念和行为的评价差异度

通过近些年对中国企业文化建设近距离的观察，“理念先行，行

为滞后”“知行不合一”，或者用中国人民大学彭剑锋教授的话讲“理念在天上飘，行为在地上爬”的现象，在中国企业中大量存在，甚至可以说是中国企业文化建设方面的普遍现象。而且，正是这种现象的广泛存在，导致企业文化建设的屡屡失败，导致中国企业处于前面所提及的“尴尬”状态。一种先进的文化理念，若想发挥作用，并最终提升绩效，一个必不可少的环节是——文化理念必须转化成行为习惯。因为即使是再强大的思想，不通过行动，也不会有任何力量。

第二节　问题的关键在于理念落不了地

企业文化建设，为什么陷入尴尬境地，关键原因在于新理念落不了地。

绕不开的三条河：理念、信念和习惯

企业文化落地本质上是将企业家所倡导的理念转变成企业员工的共同信念和习惯的过程，这中间需要经历几个必需的过程。

第一，从企业家所倡导的理念到企业全体员工所理解的理念的过程。这个过程需要大量的传播、培训、沟通工作。在很多企业，企业家所倡导的理念和企业员工实际理解的理念并不一致，这是企业文化落地的第一个环节。

第二，从“理念”到“信念”转化的过程。“理念”和“信念”

之间虽然只有一字之差，却存在着相当远的距离："理念"是通过理性思考认可的一种观念，是人们经过长期慎重的思考并认为正确的观念；而"信念"则是融入了人的情感、深入到了人的内心，甚至变成一种无意识状态、被人完全接受了的观念。很多企业家和员工共同拥有的是一种共同理念，而不是一种共同信念，由理念到信念的转化是企业文化落地的第二个环节。

第三，从企业员工共同的信念到企业员工共同习惯的过程。这个过程需要经过大量的实践、探索、试错和失败，不仅需要行动的勇气，也需要成功的激励。很多观念在大家内心中是认可的、坚信的，但在实践中大家却常常会身不由己，滑入与自己信念相悖的习惯中。由企业员工共同的信念转化为企业员工共同的习惯，这是企业文化落地的第三个环节。

简而言之，企业文化落地，本质上是把企业家的理念转变成企业全体员工共同理解的理念，再由企业全体员工共同理解的理念转变成全体员工共同认可的信念，最后由全体员工共同认可的信念转变成全体员工共同养成的习惯的过程。

企业文化落地所包含的三个环节就如从现实到达彼岸世界必须要趟过的三条河一样，每一条河都绕不过去。

■ 翻不过的三座山：利益、焦虑和效益下降

很多人在认识上有个误区，认为一个企业提倡的文化就是存在于企业的真实文化，实际不然。企业所提倡的文化往往与企业中真

实存在的文化是两回事，就如同理念和信念是两回事一样。一个企业所提倡的文化本质上是该企业希望塑造的理想文化。

所谓的理念，最多也只是从道理上想通了的一些念头，而只有这些理念变成一种毫不怀疑的信念融入人的心灵，并成为人的日常习惯进而融入言行，企业所提倡的文化或理念才能变成现实的、真正的文化。这中间需经历一系列复杂的思想斗争、情感斗争和利益斗争，要克服各种各样的焦虑、痛苦、挣扎以及反复，最终才有可能变为现实。

理想的文化要想变成现实的文化，至少要克服以下三个基本困难。

第一，因文化变革而引起的利益格局调整。任何一项新文化的引入，都意味着企业不同群体之间利益格局的调整。实际上，从某种角度来说，任何文化建设都是文化变革，而文化变革能否成功，取决于能否有效排除因利益格局调整而带来的阻力。

第二，因习惯改变而引起的心理上的焦躁和生理上的不适。新文化的导入必然意味着旧习惯的改变。现代心理学证明，人们在旧有的习惯状态下是最舒服的，而一旦脱离这种状态，会给人们带来心理上的焦躁感和生理上的不适感。人们也由此会不自觉地对任何新文化产生抵制心理，这种阻力也是新文化导入时所必须克服的。

第三，新文化的导入必须忍受短期内效益下降的痛苦。从理论上讲，新文化可以提升效率及效益，但从实际的演变过程来讲，人们在建立一种新文化之前，首先要放弃旧有文化。这就意味着在新的文化和习惯没有建立之前，原有的也会暂时失去作用。此段时间的长短，因新文化学习的难易度而异，越难则时间会越长，而时间越长，就意味着企业在变革中会损失越多的当期效益。

上述三个问题是任何企业在导入新文化的过程中绕不过去的三座大山，其中任何一座大山都可能阻断新文化建设的进程，很少有企业能够同时翻越三座大山，这正是中国大部分企业在文化建设方面难以取得成效的关键原因。

若想翻越这三座大山，企业必须做出系统的安排及长期的打算，必须拿出足够的勇气和毅力，必须像建设一项伟大的工程一样进行精密的设计，唯有这样才有可能成功。企业文化建设绝不是喊喊口号，贴贴标语就可以轻易完成的，企业文化建设本质上是一项复杂的系统工程。

企业文化落地不是一个单独的动作，而是一个连续的过程，是一个文化理念被广泛传播的过程，是一个文化理念被企业成员广泛认知的过程，是一个文化理念被企业成员深度认同的过程，是一个从相互承诺到共同行动的过程，是一个从共同行动到共同习惯的过程。企业只有顺利完成这一过程，实现文化的落地，才能提升经营绩效，形成核心能力。

和企业文化内部落地相似，全面的企业文化落地的内涵存在着另外一层含义，即企业文化理念被企业外部人士所认同并转化为相应的支持企业发展的行为：如客户信任企业的价值观并转化为对企业产品与服务的持续购买行为，转变为客户忠诚；股东信任企业的理念并转化为在投资上的进一步支持；合作伙伴信任企业的理念并转化为与企业长期的、积极的互利合作行为；竞争对手信任企业的理念转化为对企业的尊重和市场中的理性竞合行为；政府信任企业的理念并转化为对企业的长期支持等。

所以，实际上企业文化落地是指，企业文化理念，或者称企业价值观，为企业内部员工和外部相关利益者所认同并转化为相应的支持企业的行为的过程。

第三节　华夏基石的文化落地三部曲：知—信—行

企业文化落地的三个基本过程是企业文化建设成功必不可少的三个环节，这三个基本环节虽并没有必然的先后顺序，而且相互之间会互相影响，但这三个基本环节必须都获得成功，企业文化才能够真正实现落地。

目前，国内企业在企业文化落地过程中大部分未能获得成功，根本原因在于只关注了其中一两个环节的工作，而不是同时关注三个环节并保持三个环节的良性互动。

企业文化落地必须针对这三个环节进行有针对性的工作设计和系统性的安排。华夏基石作为一家长期从事企业文化建设咨询的公司，在帮助国内外企业进行企业文化建设时，有机会学习和了解了很多优秀企业文化落地的成功经验，同时结合自己多年的思考和研究，总结出了企业文化落地的系统模型——“知信行”模型。

“知信行”模型针对企业文化落地过程中需要开展的大量繁杂的工作进行了全面的梳理和系统的架构，并在各项文化落地工作的实施顺序上进行了系统性排序。该模型自诞生以来已在华夏基石辅导的几百家企业的文化落地实践中得到应用并取得了显著效果，通过自学并自觉应用于自身企业文化建设实践的企业更是不计其数。

华夏基石企业文化落地的“知信行”模型，如图1－2所示。

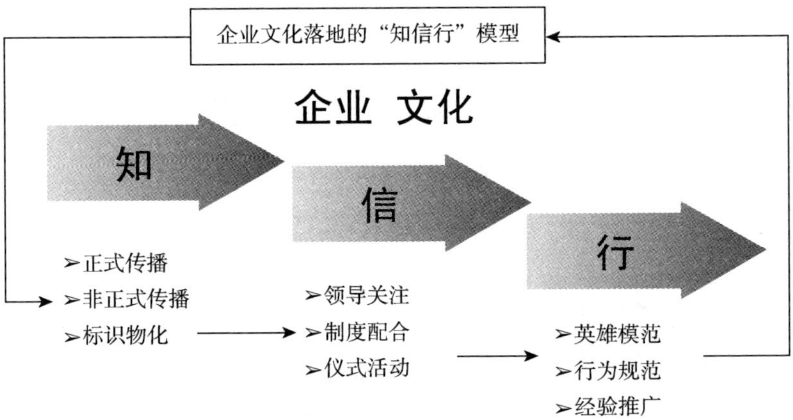

图1－2　华夏基石企业文化落地的“知信行”模型

知：把老板理念变成企业理念

“知”的环节要解决的核心问题是如何将企业家倡导的理念变成企业中所有员工都知道并理解的理念。这个阶段工作的一般目标要求是：企业的文化理念被管理者精通、被员工熟悉、被客户及相关利益者知晓。可以通过问卷调查、现场提问和正式考试等方式获得可靠的数据进行具体效果评估。

要达到管理者精通、员工熟悉、客户及相关利益者知晓的目标，主要依赖三种常规方式：一是依赖正式渠道的传播，二是非正式渠道的传播，三是通过物化传播。事实上，物化传播也可以合并于正式渠道的传播中。

正式渠道传播主要包括内部报纸杂志系统传播、内部网站传播、内部文化墙报传播、内部会议系统传播、内部公文系统传播、内部员工手册传播、内部员工培训传播、外部媒体传播、外部品牌传播等形式。正式传播的优势是渠道现成、传播精度准确、传播速度快等特点。**利用企业中正式的传播网络进行文化传播，是企业文化落地过程中达到“知”的目标的主要途径。**

非正式渠道传播主要是利用企业中客观存在的、自然形成的人际网络进行传播。企业就是一个小社会，除了组织规定的信息传播网络外，会存在一种基于人际关系的非正式传播网络。美国文化学者阿伦·肯尼迪曾经描述过这种非正式网络，在这种网络中会存在“讲故事者”“教士”“密探”“幕后题词者”“秘书消息提供者”“小道消息提供者”和“小团体”等七种典型的文化角色，他们构成了企业非正式文化网络中的主要载体，是非正式文化网络中最活跃的份子。

聪明的企业家总是会巧妙地利用这种客观存在的非正式网络传播他们所倡导的文化理念。非正式传播网络中传播的往往不是文化理念本身，而是反映着这些文化理念的各种各样的故事和传说。故事既是文化理念非常好的载体，也是文化理念传播中极为重要的形式，不仅仅社会文化理念是这样传播的，例如圣经故事和中国的二十四孝图，企业文化理念也是这样传播的。例如 IBM、惠普、海尔等公司文化之所以名声远扬，他们独特的企业文化故事起到了极为重要的作用。所以，优秀的企业家大都是讲故事的高手，例如张瑞敏等。

该环节的具体操作将在第二章和第三章详细介绍。

■ 信：把企业理念变成企业信念

“信”的环节要解决的核心问题是，让全体员工相信企业家所提倡的价值理念，并逐渐变成全体员工自己深信不疑的信念。该阶段工作的目标是，全体员工对企业家所提倡文化理念的相信度。

知道一种理念很容易，但知道了并不意味着相信，并不意味着内心认同，更不意味着会成为信念。大多数企业的情况是，企业家所倡导的理念员工都知道，但就是没人相信。企业家讲的时候，大家附和一下，企业家讲完，大家也就变成了耳旁风，根本不会往心里去。

企业家所倡导的理念要想让员工相信并接受，企业在管理上必须采取多管齐下的措施，这些措施主要包括：领导关注和示范（这里的领导是广义的领导，包括各级管理者），制度的修订和完善，氛围的营造和强化。

领导的关注和示范是让员工相信理念的基础。一种理念，企业领导如果只是口头上讲讲，讲完之后在实际工作中不关注落实情况、不与日常经营管理活动结合，甚至自己也不在行为上身体力行，那样的话，员工就不可能相信。因为企业领导的日常言行就是企业文化的风向标和指挥棒，企业领导的言行重视什么，员工也就会相信什么，企业领导如果在日常言行中不重视，员工的相信就无从谈起。

制度的修订和完善，是让员工相信理念的关键。制度和理念相比，最大的特点和优势是具有强制性，而且这种强制性一般是和员工的切身利益紧密相关。企业倡导的理念如果能够在企业的制度中处处得到体现，那么，这种理念就非常容易取得员工的信任。否则，如果一种理念不能够得到制度的支撑，甚至有时候与企业现实的制度和企业倡导的理念是相悖的，那么，企业倡导的理念注定无法让员工相信，因为相信者不能从中受益。所以，在“信”的阶段，企业根据倡导的理念及时修正和完善配套的制度是让员工相信的关键。

氛围的营造和强化是让员工相信理念的重要推进剂。仪式活动和理念相比，往往比理念更为生动，员工在参与仪式活动的过程中能够切身感受到一种理念的重要性和必要性，这种体验对于员工相信理念非常重要。一次生动的、刻骨铭心的仪式活动体验往往胜过一百次苍白抽象的理念说教。仪式活动相对于理念就像电影与脚本，企业文化理念只有以电影的形式，而不只是以脚本的形式呈现在员工面前时，才容易被员工接受和相信。中国当前很多企业还没有充分意识到仪式活动在促进员工认同理念方面的作用，要么完全没有仪式活动，要么就把仪式活动完全文艺化或文体化，变成一种与文化理念无关的纯粹的娱乐活动，这方面是需要下大功夫去努力改进的。

该环节的具体操作将在第四章、第五章、第六章详细介绍。

■ 行：把企业信念变成员工习惯

“行”的环节要解决的核心问题是，让全体员工自觉实践自己已经相信的、企业家所提倡的理念，并把这种理念变成自己自觉的日常行动，最后变成全体员工群体的习惯。该阶段工作的目标是，全体员工行为与理念的符合度。

员工在相信了一种理念以后，甚至把这种理念变成一种信念之后，也并不必然会去行动，更不会自然而然地形成习惯。因为从信念到行动，再到习惯，是需要行动尝试、行动学习和行动固化的，这既需要勇气和毅力，又需要标杆和方向，因为“相信”和“行动”毕竟是两码事。

英雄模范在促进员工从信念转化为行动方面，往往会起到关键的作用。因为英雄模范往往是企业倡导理念的率先探索者、执行者，也是最早的成功者。有了英雄模范，原来抽象的理念会变得生动，原来可望而不可即的事情会变得很接近，原来无路可走的事情会变得有了明确的路径，原来没人敢做的事情会变得没那么可怕了，这就是企业中英雄榜样的作用。**企业文化落地的过程中如果运用好了英雄榜样，从信念到行为就会找到一个突破口，就会打开从量变到质变的起点。**刚开始是一个人、两个人这样做，树立为英雄榜样以后，就会有千百人跟着做，只要走出了第一步，第二步、第三步就不会太难，只要有一个人做了，更多的人做就不会太难。

这方面，目前中国企业普遍存在的问题是，不擅长英雄榜样人物的树立。一些企业要么干脆不做，要么把英雄模范当成一种纯粹的荣誉称号或精神奖励，颁发完荣誉之后就没有了下一步动作，这两种方式都不能发挥英雄模范在推进行动中的作用。

经验推广是为了保证英雄模范作用的发挥而必须紧跟着要做的事情，之所以把这一活动和英雄模范的树立分开，就是为了避免刚才提到的仅仅把英雄模范作为荣誉称号或精神激励的误区。**英雄模范树立起来后，紧接着要做的就是把英雄模范的行动经验进行总结提炼，然后通过英雄模范现身说法的方式及时向全体员工进行推广。**这方面，我们国家做得相当不错，类似于英模报告团、时代先锋人物报告会等形式就是一种经验推广。企业中也需要这种形式的报告会，这种形式是重要的，而且是必不可少的，否则，英雄模范的示范、探索和推动作用就会大打折扣。

行为规范是把众多英雄模范人物或者外部标杆企业，在企业文化理念行动化过程中已经证明是稳定的、正确的、确实很好地贯彻了理念的行为经验正规化、成文化的过程。相对于英雄模范来讲，行为规范对于行为的指导更为明确。**如果说，英雄模范还处在行为探索期的话，那么，行为规范的出台则意味着对于体现理念的行为指向已经处于成熟期。**这时候及时把已经相对成熟的行为经验文字化、规章化，更容易在全体员工中推广，也能够更快地推进员工理念行为化、习惯化的进程。

很多企业已经意识到行为规范的作用，现实中也比较重视行为规范的起草工作。但这一工作存在的误区是，起草行为规范只是注重外部标杆经验的借鉴，有的甚至连借鉴也算不上，可谓抄袭，而不是注重企业自身英雄模范实践经验的总结和固化，没有根据实践探索情况及时进行更新和完善。

这方面的内容具体将在第七章、第八章、第九章中详细说明。

所有的企业文化落地都要经历“知”“信”“行”三个阶段，需要在正式传播、非正式传播、理念物化、领导垂范、制度匹配、仪式活动、英雄树立、经验推广、行为规范等九个方面开展工作。此外，还要注意避免文化落地实施过程中的“烂尾楼”和“独角戏”。

『知』篇

从『企业家』的理念到『大家』的理念

- 如何让理念不胫而走
- 让企业的环境也成为一种静默而强大的文化场

第二章　如何让理念不胫而走

——正式传播与非正式传播

第一节　正式传播

一个企业的文化理念要想转化成为员工的行为习惯，转化为企业各相关利益者绝对的信任和相应的行为习惯，第一步需做到的是，企业文化理念必须得到广泛传播。企业必须要做到，使自己的价值理念能够被“干部精通、员工熟悉、客户知晓”，不能做到这一点，其他便无从说起。要使企业的文化理念得到有效传播，必须研究企业文化理念在企业内外传播的网络渠道和传播的客观规律。

企业文化理念的传播根据方向可分为内部传播和外部传播：内部传播主要是指在企业全体员工中的传播，它常与企业员工职业化建设密切相关；外部传播，是指在整个社会，主要是在企业的各个相关利益者之间的传播，企业文化理念的外部传播常与企业的品牌建设、企业形象建设密切相关。

企业内部传播网络根据企业内部信息传播渠道的性质可划分为两类：正式传播网络和非正式传播网络。我们平常所讲的主要是企业文化传播的正式网络，或称为官方网络；在官方网络之外存在着另一种非正式网络，或称为民间网络。这两类网络对企业文化传播的作用都不容忽视。

正式的传播网络是和组织内的正式信息沟通系统密切相关的，包括组织的会议系统、公文系统、培训系统、媒体系统及书籍的传播，如图 2 - 1所示。

图 2－1 正式传播网络

■ 利用会议公文系统传播

组织中常会开展各类会议，如经营分析会、企业年会、员工大会、部门会议和专题会议等；同时，经常下发通报、通知、会议纪要及备忘录等各种各样的文件。由此可见，无论是正式的会议系统还是公文系统，通常在组织的日常运行过程中居于非常重要的地位，也占据着从领导到基层员工相当大的一部分时间。

最近有人做过一项统计，据该项统计显示，国有企业的领导层70%以上的时间用于开会，管理层50%以上的时间用于开会，非一线普通员工30%以上的时间用于开会。或许，此种情况有点夸张，但至少反映了企业中的会议系统和公文系统的重要性。

企业的会议和公文无论是形式还是内容，有意识还是无意识，都向内和向外传达着强烈的企业文化信号。一方面，外部人士通过参与企业会议或阅读企业公文就不难发现企业价值信仰的影子；另一方面，企业内部人士长期接受着会议和公文背后所隐藏着的价值理念的熏陶。所以，自觉运用好会议和公文系统进行企业文化理念的传播能够起到事半功倍的效果。

企业对内的年度总结及计划、中期总结及计划、人事任命文件、表彰与处罚文件、重大制度发布和改变的文件，以及企业对外的年度经营报告等，都是企业传播文化主张的重要途径。优秀的企业一般会在上述文件起草时把自己的价值主张进行重申，以强化企业内外人士对该企业文化的印象。以华为公司年报为例，如图2－2所示。

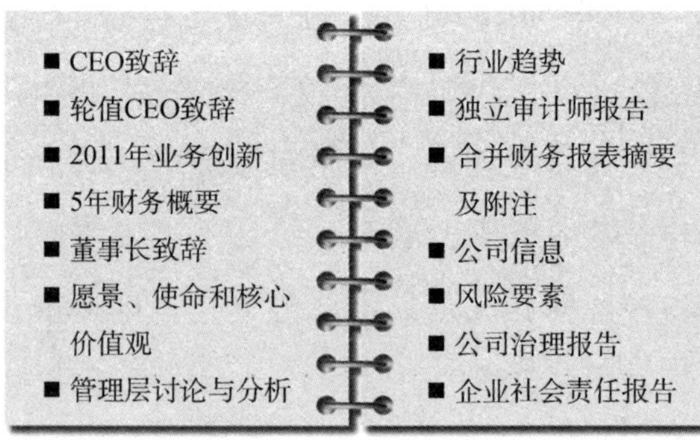

图2－2　2011年华为公司年报大纲

■ 通过培训过程传播

与会议系统、公文系统相比，组织的培训系统对于传播企业文化理念，特别是对于新员工的传播具有不可替代的作用。

很多公司在培训中只强调知识和技能的培训，针对于价值观的专项培训还比较少，做得较好的更是凤毛麟角。联想控股和三星中国是我们所见过的做得较好的企业。

联想控股自成立之初就开始了业内闻名的“入模子”工程：凡是进入联想的员工，无论什么学历、什么背景都要参加联想控股的“入模子”工程培训。在培训过程中，受训者将了解联想的发展历史，了解联想人的做人做事方式，了解联想坚持的价值信仰，了解联想的基本制度规则。时间允许的话，柳传志董事长都要亲自讲授一些课程。通过“入模子”工程，每个参与培训的人将学会一套未来共同的做事、做人方式。联想控股正是通过“入模子”工程把来自五湖四海、受过不同文化熏陶的人变成有着共同事业目标的联想人，联想的文化也因此得到广泛的传播和认同。

和联想相似，三星中国也是非常重视通过培训传播自身文化的一家企业。为了使企业价值理念在员工中得到很好的传播，专门请外部咨询公司开发了七天的文化培训课程，其中包括公司历史、公司理念、公司标志、公司司歌等众多的培训内容。培训形式除了讲述、讨论之外，还有情景体验式培训。三星中国要求，所有新入司的员工必须参加 7 天的完整培训，公司的老员工和干部每年必须接受公司价值观的强化培训。三星中国利用内部培训系统传播企业文化的做法收效显著，得到了三星总公司的高度赞同。

和其他形式的传播相比，专向培训的方式有利于参加培训者全面、快速、系统地知晓和理解企业的价值理念体系，也有助于未来的认同。

■ 充分调动内部媒体资源

很多企业内部存在着报纸、杂志、宣传栏、展示中心、广播系统、网站等多种多样的类似社会公众传播媒体的系统，有的企业甚至拥有内部的电视系统。企业内部的这些传播媒体系统都是企业价值理念传播的可能渠道，都应当纳入企业文化媒体传播的范畴。

虽然媒体传播不如会议传播、培训传播具有权威性和强制性，但是通过企业内部媒体交流和传播的信息往往比通过会议和培训传播传递的信息丰富很多，而且媒体传播往往是企业文化理念进行内部传播的最常用渠道，很多企业在宣传自己的文化理念时总是自觉不自觉地使用媒体传播。

媒体传播无论是在内容和形式上，均应该体现企业的文化特质，创办这些媒体的目标和宗旨都应当与公司的使命、价值观、风格相一致。有时，企业的理念和风格就是媒体所要传播的主要或重要的内容。

充分调动和利用企业内部的媒体资源，对于营造企业文化建设的舆论氛围、传播企业价值理念、推动企业制度变革极为重要，这些内部媒体往往也是企业管理层和员工沟通的主要场所。

从利用内部媒体进行文化传播的实践效果来看，华为公司的《华为人》报和万科集团的《万科》周刊，都是成功运用企业媒体进行企业文化理念传播的成功案例，如图 2－3 所示。

图2－3　《华为人》报（左）与《万科》周刊（右）

华为的《华为人》报

在华为企业文化建设的过程中，《华为人》报起到了极为重要的作用。华为几乎所有新的文化理念，最早都是通过《华为人》报提出的。华为的大量宣传、解释企业文化理念的文章，也都是发表在《华为人》上的。十几万华为员工，大部分都是通过《华为人》逐步了解华为的价值主张。

万科的《万科》周刊

创刊于1992年的《万科》周刊迄今已出版400余期。作为万科企业文化载体，在着力反映万科成长轨迹和企业观念变迁的同时，更为社会提供了一个思想文化交流的空间。

《万科》周刊的品格与它背后的万科集团密不可分。20年来，万科的理想是在中国成就稳健的新兴企业。与之相应，《万科》周刊给自己的定位是“企业视角、人文情怀”。《万科》周刊在国内企业界和新闻界具有一定的影响力，每年有近200篇文章被《人民日报》、香港《信报》《21世纪经济报道》《财经时报》《粤港信息日报》《读者》和《三联生活周刊》等纸质媒体及新浪、网易、搜狐等网站广为转载。

1999 年 8 月，《万科》周刊经历了近十年来极为重要的一次转型，积极投身于网络平台的建设。迄今为止，已形成 21 个论坛组成的精品社区，涵括颠覆传统企业管理的“王石 ONLINE”“投诉万科”等企业开放平台；搭建了纯粹、智慧、人文的理想交流空间，如“经济人俱乐部”“笑谈股金”“建筑视野”“思想评论”“游山玩水”“物质生活”和“雕刻时光”等；形成了 182 位撰稿人筑就的写作社区、2500 位外网用户订阅的《新万科》电子杂志、四大板块组成的精品资讯。目前，《万科》周刊网站的日浏览量平均保持在 20 万以上，经济人俱乐部等精品论坛几乎每周有一两个话题进入南方周末 10 大排行榜。

网络时代，《万科》周刊同样面临创新的变革，从“新思维、新观点”出发，《万科》周刊紧紧追随中国新兴企业的步伐，再一次上路。

摘自：祝慧烨《发现企业文化前沿地带》

书籍也是一种好的媒体

书籍是传播企业文化理念比较常用的形式，很多企业使用这种形式进行企业文化理念的传播。在企业内编辑和发行类似于《企业文化大纲》《企业员工手册》和《企业文化案例集》之类的宣传企业文化理念的书籍，但这些内容的书籍常常只限于内部发行。

同时，一些企业将企业文化理念的表达或者诠释结集出版，并向全国发行。例如华为公司《华为基本法》的诠释版本——《走出混沌》，曾在人民邮电出版社出版。该书的出版在全国范围内掀起了一股管理热潮，在华为的客户以及相关利益者之间掀起了一股“华为热”，很多人正是通过这本书认识了华为公司，了解了华为的价值追求，并在以后成为华为产品的忠诚使用者。《走出混沌》对华为文化理念的传播起到了相当大的作用，如果从品牌价值的角度看，《走出混沌》带给华为公司的品牌提升应该不低于十亿元。无独有偶，海尔公司公开出版了系统介绍海尔文化的《海尔中国造》；联想公司出版了介绍联想文化的《联想为什么》以及后来的《联想风云》；净雅集团公开出版了《净雅管理故事集》。上述宣传企业文化书籍的出版为这些企业文化的传播、尤其是对外传播发挥了至关重要的作用，如图2－4所示。

图2－4　相关企业出版的文化宣传书籍

第二节　非正式传播

外婆、文人和和尚的力量

中国人民大学杨杜教授认为社会文化的传播主要不是通过四书五经传递的，也不是通过官方的宣讲系统传递的，而是通过外婆的故事、文人的诗篇、和尚的布道等非正式途径实现世代传递的。

中国人民大学包政教授通过一个真实的故事更加生动地证明了文化理念传播的常规渠道。

退休老太太的义务角色

一群退休的老太太，整天没事可干，聚在街口，对所有过往的路人点评一二。街里的一个姑娘年方十八，每次路过，总要问人家姑娘找对象没有。本来姑娘正在读大学，一心读书，但经不起每次路过时的盘问，让人觉得找不到对象就成了老大难一样，一怒之下，找了个对象，这才免去了每日的盘问。谁知，清静了没多长时间，又开始盘问“什么时候结婚”。姑娘很不以为然，还不到二十，结什么婚，况且，谈恋爱就必然是为了结婚吗？老太太盘问了几次后，自觉没趣，也不再盘问，但姑娘每次路过时总是感觉背后有人指指点点，似乎听到有人在讲自己疯疯癫癫，不像个正经女孩。于是一怒之下，结了婚给她们看看。姑娘以为结了婚总该清静了吧，不然。

不到两月，老太太们又开始盘问，“姑娘，怀孕了吗?”真是气死人，我们夫妻之间的事情关你们什么事？但老太太们并不介意，而且经常郑重地建议小夫妻俩到医院检查检查，看到底是谁的毛病。结婚不到半年，姑娘收到了老太太们不下十次的建议，于是，一气之下就怀上了孩子。

包政教授讲述的故事是天天发生在中国城市及农村的真实事情，正是通过千千万万这样的老太太不厌其烦的唠叨，中国传统的理念，如“男大当婚，女大当嫁”“不孝有三，无后为大”等实现了传播和传承。企业中的价值理念往往也是通过像退休的老太太这样没有正式职位的角色实现传播和传承的。

■ 企业中看不见的人际网络

非正式传播网络是企业内部客观存在着的人际关系网络，这种网络虽无法用眼睛看到，却客观存在。之所以称为非正式传播网络，是因为和企业的正式传播网络相比，属于一种不受组织规定且相对自由的传播网络。

非正式传播网络实际上是企业内部的基本联系手段，它将公司内部的各个部分联结起来，而不考虑职位或头衔。该网络之所以重要，是由于它不仅仅传递信息，并且也为员工说明信息的意义。它所传递的内容远比正式信息系统更丰富，甚至有时更接近事实，所以深得人们信赖。

组织中发生的事情90%与官样文章、各种各样的红头文件、函件、报告书等毫不相干，很多重要的决议并不是在正式会议上形成的，而是在会议前或者会议后的非正式沟通中形成的。

有时候，公司越大，正式沟通的效率就越低，而非正式传播网络的力量就越重要。特别是在一些大型的组织中，利用非正式网络传播往往是推动事情得以完成的唯一手段。

管理者要懂得利用组织内存在的非正式人际网络收集和传播信息，并以此核对和校准正式渠道得到的信息。

阿伦·肯尼迪对这一网络进行了较为详细的描述。阿伦·肯尼迪认为企业文化网络中存在着“讲故事者”“教士”“密探”“幕后题词者”“秘书消息提供者”“小道消息提供者”和“小团体”七种典型的文化角色，他们构成了文化网络中的主要载体，是文化网络中最活跃的份子，如图2－5所示。

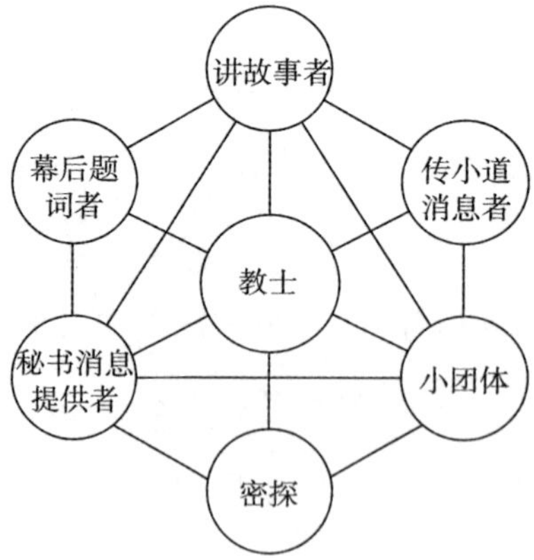

图2－5　非正式网络中的七种典型的文化角色

（一）讲故事者

在企业里有一些人通过讲故事以获得权利和影响，讲故事者往往按照自己的观点讲述发生了些什么，内容的选择权和讲述方式的选择权使讲故事者处在一种有力的地位，他们通过这种方式获得一种影响人们观点的能力和机会，并因此改变现实。通常人们并未意识到这一点。讲故事者所讲的故事，犹如一个部落中的神话，解释这个枯燥乏味的世界并赋予其某种精神上的意义。对于一家企业来说，讲故事者往往通过讲述故事维护着团结并提出企业中每个人应该效法的准则。这是传递信息和塑造行为的最有力手段。故事的妙处就在于，只要抓住警句你就能再现整个场面。

（二）教士

像教堂一样，公司也有教士。他们是公司所选定的自找麻烦者和文化价值观卫道者。他们挂念宗教和把教徒们团聚在一起。这本该是总经理的任务，但一般员工不易接近他，所以由显然易于接近的教士们来干这份差使。他们总是有时间来倾听忏悔，而且他们对于任何困境——即使是精神困境——也总是有解脱办法。

作为文化中教士的形象需要成熟性和严肃性。这些人员往往比他们的同事年长。教士和讲故事者相似，但是，教士们很少关注细节，而是重视过去发生的事件的象征意义。如果你要求一项现行的建议，则得到的答复是把问题追溯到另外一件事上去。

（三）幕后题词者

幕后题词者往往是王座背后的力量，他们一般没有正式的职位，可能有极个别的在组织中爬得很高，但大部分幕后提词者往往是隐蔽于某个朦胧的职位中，除了真正的赏识者之外，对所有的人都是默默无闻的。他们因为靠近组织的权力中心而拥有权力。

幕后题词者需要具有两样本领。首先，察言观色的本领，他们必须能根据很少的迹象迅速和准确地觉察上司的念头。其次，为要办成事情他们必须在组织范围内建立一套联系支持系统并勤奋工作以保持与网络内的各种潮流相适应。他们的知识面没有教士们那样广泛或完整，但是幕后题词者知道掩蔽的主体和问题的关键所在。

（四）传小道消息者

传小道消息者是文化网络中的行吟诗人。教士们谈话时只是进行类比——就是为你引经据典——传小道消息者则对姓名、日期、工资以及目前组织内正在发生的事件一清二楚。琐细的日常情况就是由传小道消息者传播，大多数人对此欣赏，尽管对他们的饶舌有点害怕。毕竟，如果一个人不能经常得到一点有关熟人的消息，大多数公司内的生活将变得冷酷并且单调乏味。

传小道消息者并不一定是严肃的人，他们的消息也不一定总是正确的。简单地只要求他们能使人感兴趣就行。只是为了这份乐趣人们就容纳他们，甚至喜欢他们。

（五）秘书消息提供者

一般职员渗透在公司一个与经理们不同的层次中，而且往往更为机警。在你的社会地位中你可能重视一名高级官僚，但在你的文化网络中，一名职员或秘书可能更为有用。

当我们作为个人想要介入文化网络时，我们首先就找这类关键职员。他们会比其他任何人包括总经理都更详细地告诉我们这个组织到底像什么样子，到底发生些什么，谁生谁的气，等等。他们之所以能够这么干，是由于秘书提供消息者形成了一个相对地不介入的稳定网络，因此也是不偏不倚的角色。

（六）密探

几乎每个良好的高级经理都有他的密探。典型地，密探是一个刻板组织中甜言蜜语的伙计——相当忠诚地使你知道事情动态。最好的密探都是些受人喜爱且能够接近许多不同人们的人，他们听得到所有的故事，并且知道他们背后都是谁。最好的密探往往来自公司的讲故事者的行列。大多数不至于构成对别人的威胁，因为他们不像是要谋取事业进展。不过密探们也知道，当他们在组织中再也上不去的时候，只要能保持信息渠道畅通，他们就会一直得到关照。

这里所指的并不是渗入董事会或窥看文件等搞间谍活动的密探。真正有效的密探从来不说任何人一句坏话，故而很受人们的爱戴和需要。他们小心翼翼地力图不以任何可能损伤别人前途的方式渲染组织气氛。他们谨慎而恰当地行事以保持有价值的渠道畅通。

（七）小集团

小集团是二人或更多人的小团体，他们秘密地聚集在一起策划一个共同的目的——通常是抬高自己在组织中的地位。组织中的小团体比比皆是。小团体可以非常大——例如美国的共和党全体党员，也可以十分投合，如二人在会上总是相互附和另一个人的意见。

小集团是抬高你身份的有效杠杆，它作为保护机构的作用也很重要；它为你提供力量和支持。实际上，在强烈的文化中人们不自觉地培育和建立能加强他们设想和在公司中地位的小集团。

比超级病毒还活跃的故事

非正式传播网络之所以在文化传播过程中极具影响力，除了其网络的密度较高、相互之间联系比较频繁外，还因为在这个网络中有一种文化载体极易传播，即文化故事。

留心社会文化的传播方式，你很快就会发现这样一种情况：很多基督徒并不熟悉圣经中的教义，但是，几乎所有的基督徒，甚至包括不信仰基督教的人，都知道或者能够讲述一些《圣经》中的故事。

孝道是中国人最信奉的价值观之一。《孝经》是中国孝道最权威的经典教义，几乎很少有人能够背诵出《孝经》中的教义，但是几乎所有的中国人都知道二十四孝图中讲述的故事，如王祥卧冰等。

现在的年轻人很少有背得出儒家经典的，如《论语》《大学》《中庸》的原文篇章，但很少有不知道孔融让梨之类的反映儒家价值观故事的。王祥卧冰和孔融让梨的故事如图 2－6 所示。

图 2－6　王祥卧冰（左）与孔融让梨（右）

上述情况不是一种特殊现象，而是一种普遍现象。它反映了这样一个规律：抽象的教义或价值观往往是借助形象的故事实现其广泛传播的。研究企业中的情况，更能够验证这一结论。

如果我们给大家单纯讲述某一个公司的价值观，我们可能很难有深刻的理解，更不会有深刻的印象，例如我们讲三家著名公司的价值观分别为：组织有效的员工队伍是企业的最大财富（华为）；以客户为中心并尊重创新（强生）；对用户的承诺重于一切（海尔）。如果没有相应的文字作为诠释或补充，对上述三句话你可能看后十分钟就会忘记。即使记忆力比较强，我们也保证你在一个月内必然会忘得一干二净。但是，当我们在描述三家公司理念的同时附加一个故事作为理念的诠释，效果就会大不一样。

组织有效的员工队伍是企业的最大财富
——华为包专机抢救员工的故事

当地时间2012年12月4日晚，华为公司安哥拉代表处员工王琮突发恶性疟疾，代表处立即将其护送至当地专科医院进行治疗。

由于患者出现肾衰迹象，为了避免病情进一步恶化，华为包下专机将王琮转至医疗条件更为理想的南非接受治疗。

在此期间，王琮病情几度反复，医院一度下达病危通知。华为机关和代表处安排专人在医院照顾。华为安哥拉、南非代表处多次发动血型匹配的员工、使馆人员和其他中资企业员工为其献血。在前后方通力配合下，王琮最终脱离危险。

为了挽救王琮的生命，华为上下全球联动，与时间赛跑。目前，王琮的主治医生已确认，王琮的病情趋于稳定，身体各项功能正在逐步恢复中。

华为总部在得到报告后，立即启动应急机制，成立了“王琮事件应急处理小组”，包括商讨应对措施，通知为员工投保商业险的美亚保险公司启动紧急救助程序，安排家属前往探望……几乎调动了公司一切可以调动的资源为王琮就医提供保障。

华为目前全球共有140多家分支机构，员工总数近7万名，为了应对外派工作人员可能遇到的突发事件，华为以制度化的形式设立了突发事件应急处理的相关流程及常设组织。

华为制定了员工全球紧急医疗救助服务方案，保障员工在紧急情况下，可以享受由专机送抵医疗条件较好的地方接受及时救治的福利。

以客户为中心并尊重创新
——婴儿爽身粉和“邦迪”创可贴的产生

1890年，强生还是以供应抗菌纱布和医疗药膏为主业的公司。公司曾收到一位医生的来信，抱怨病人用了某些医疗药膏后皮肤不舒服。公司的研究主管弗雷德·吉尔默很快回应，寄出一包用在皮肤上可以让人舒服的意大利滑石粉，然后说服公司在某些产品里附上一小罐滑石粉，作为标准包装的一部分。

强生惊奇地发现，顾客很快开始直接要求增购滑石粉。强生为了适应这种需求，另外制造了一种叫做“强生婴儿爽身粉”的产品，成为世界各地家喻户晓的基本家庭用品。根据强生正式的历史，“强生在相当意外的情况下涉足婴儿爽身粉的业务。”更重要的是，公司因此开始采取极小幅度的渐进步骤，最后发扬光大，成为策略性转入消费者产品的重大变化——一次“意外”最后使强生公司营收增加了44%。对公司的成长来说，其重要性不下于医疗用品和药品。

后来强生公司又意外地碰上另一种著名的产品。1920年，公司员工厄尔·迪克森因为太太使用菜刀不小心割了一个伤口，替她创造一种随时可用的药膏带，由一小片纱布和特别的涂敷料加上外科用胶带构成，这样整个药带就不会粘在皮肤上。迪克森与行销人员谈到自己的发明，他们决定在市场上实验这种产品，经过初期缓慢起步和不断地改进，“邦迪”成为强生历史上最畅销的产品，进一步强化强生进入消费品的“意外”策略。

对用户的承诺重于一切

——一次普通的海尔送货纪实

1995年7月6日，海尔广州工贸公司与潮州用户陈志义约好7月8日上门送去他选好的一款滚筒洗衣机。7月7日上午，驻广州服务人员毛宗良租了一辆车送货，车在中途出了问题，当时离最近的海丰城还有两公里的路程。毛宗良想拦辆过路车，但没有司机愿意拉，等到下午3点的时候，毛宗良决定将洗衣机背到海丰城。当时温度高达38度，毛宗良没吃中午饭，花了两个小时背洗衣机走到海丰城。到了海丰城，晚饭也没赶得上吃就乘销售公司的车赶往潮州，到达潮州时已是午夜。7月8日上午一早，洗衣机准时送到了客户家中。

当读者读完这三篇故事之后，您可能忘记了该故事要表达的价值理念的词句，但你一定不会忘记故事情节以及它所要表达的企业价值理念的内容，可能仅依靠这一个故事就使您对一个企业永远无法忘怀，实际情况往往就是这样。

如何整理自己的文化故事

企业文化故事的发掘、整理是一件需要一定技术的工作。我们在为企业提供文化咨询服务时，一般都需要帮助企业编制一本企业文化故事集，作为企业内部文化传播的重要载体，事实证明这种形式的传播是非常有效的。

国内企业中有做得比较好的企业，比如海尔公司。海尔公司在很久以前就已经开始进行企业内部案例故事的整理。海尔企业文化传播之所以能够如此成功，与其生动的案例故事、鲜活的英雄人物形象密切相关。

企业文化故事撰写的一个基本原则是“让员工用自己的话说身边的事”（江苏移动通信有限公司王建总经理讲话摘录）。实际上，这句话存在两个要点：首先，故事一定是真实发生在企业内部的，发生在员工身边的，为员工所熟悉的；其次，故事一定要运用员工自身熟悉的语言描述出来。只有做到上述两点，故事才会引发员工的真实感受。

企业文化故事的收集方法，一般先通过内部的报刊杂志、外部媒体报道、征文、访谈等渠道获得关键线索。由于现成的文字材料很少有能够直接改编成文化故事的，需要通过对故事当事人进行访谈，对故事其他方面资料进行深度收集才能完成。这项工作开始时一般由咨询公司和企业内部人员共同完成，其后的事务由企业内部人员独立完成。

故事的有关资料收集完毕后，需对原始资料按照文化故事的标准进行改编。文化故事的篇幅一般不宜太长，原则上不要超过千字；故事本身主要以白描为主，故事的后面可以加几句评点性的语句，帮助读者理解故事中蕴涵的价值理念。需要注意的是，故事点评一定要紧扣企业的价值观，避免牵强附会。

中国移动：关键时刻，信赖全球通

2002年10月6日上午8时45分，一艘载有128名中国游客的越南籍游船，从越南海防驶向芒街时，因为船长驾驶失误，在越南下龙湾偏离航道2000米后触礁。茫茫海面上，触礁船的船尾翘向空中，随着潮水的上涨，触礁船不停摇晃，沉船随时可能发生，百名游客的生命危在旦夕。令人不可思议的是，船上竟无任何求救设备，在所有游客感到绝望时，只有北京游客梁先生的全球通手机有微弱信号，危急时刻，大家依靠“全球通”与外界取得了联系。

经多方救助，5个多小时后，128名乘客获救。在整个遇险、援救过程中，这部中国移动的“全球通”国际漫游手机成了128名游客与外界联系的唯一手段。

10月10下午，梁先生应邀来到北京移动通信有限责任公司。沙跃家总经理向梁先生颁发了全球通俱乐部钻石卡和会员证书，赠送了一部Motorola388手机，并表示北京移动将承担全球通手机向外界呼救产生的全部漫游话费。

沙跃家总经理说：“在危机时刻，全球通手机挽救了128位游客的生命。作为移动通信运营商，为客户提供关怀与帮助，为客户创造更大价值是我们不懈的追求，保证客户随时随地能与外界保持联系是我们的职责与义务。中国移动通信‘全球通’网络是成功人士的选择，128个人能够化险为夷、转危为安的事实充分证明了这一点，移动电话的价值就在于客户最需要的时候能够打得通。”

“如果没有这部‘全球通’手机，‘泰坦尼克号’的悲剧或许就会在我们身上重演。”梁先生从兜里掏出有些磨旧的手机说，“我是中国移动的一个老客户，通过这次事件，更加坚定了我对‘全球通’的信赖。关键的时候，还是全球通！”

点评：建设优质全面的网络，提供随时、随地、随意的沟通服务，是中国移动始终不渝的追求，有了中国移动，让遥远的山村随时可以连接外面的世界，让凶险海岛从此变得祥和安全。

净雅餐饮：一条上桌的死鱼锻造诚信理念

1998年，净雅在威海已小有名气。当时，济南市有家单位想找个合作伙伴开一家海鲜酒楼，便派人到威海考察，并慕名来到净雅酒店。

就餐过程中，厨房有人过来告诉服务员，客人点的鱼在做前已经死了，问服务人员是照样下锅还是重新换一条。这在很多饭店，会直接把死鱼当成活鱼做了，客人也绝对不会发现。但在净雅，从来不做欺瞒顾客的事情，于是服务人员来到餐桌前，对客人说："对不起，您刚才点的清蒸偏口鱼在做的时候，鱼已经死了。如果您同意的话我们为您另换一条，不过这会耽误您一点儿时间；如果您不同意，我们会按死鱼价收费。"

客人们听到这一番话，都很吃惊，随而都表露出赞叹的神情，说："净雅不愧是一流的酒店啊，真是敢说实话，讲诚信呀。"

点评："诚信"首先是"诚"，就是说真话，不说假话，特别是说假话别人也不会知道时仍然坚持说真话，特别是说真话自己反而会损害自己利益时坚持说真话，这是最难做到的，净雅做到了。由于净雅长期坚持诚实待客，于是净雅的"诚实味道"就成了竞争的杀手锏。

企业文化落地本土实践

第三章　如何让理念变成氛围

——建筑与标识

企业文化理念的传播除了上述正式网络传播和非正式网络传播外，还存在着两类有形的、非常重要但却易被忽视的传播途径，即建筑物和标识。**作为企业存在的物理环境，建筑物和标识虽然都是静止无言的，但都承载着某种文化理念，并时时刻刻对身处其中的人起着潜移默化作用，形成一种静默而强大的文化场，也可称为氛围。**

第一节　理念与建筑

■ 用建筑风格表达理念

企业的建筑风格一般是企业家精心选择的结果，能够较为真切地体现企业所倡导的价值理念。一旦建筑风格确定以后，建筑风格本身就成为促进企业文化落地、弘扬企业文化形象的最重要的丰碑之一，就会成为企业文化的重要载体。

中国建设银行的黑色鼎状总部大楼，体现了一种稳重、理性、一言九鼎的风格，体现了中国大陆银行典型的文化特征。长期身处其中的员工，久而久之，自觉不自觉地就会多一点稳重和理性。而中国银行香港分行的大楼设计则体现了一种锐意进取、积极向上的风格，体现了当时中国最具有开拓意识和竞争意识的银行特质。每天面对这样的建筑物，一个农民也会从心底里焕发出一股斗志，如图 3 – 1 所示。

图-1 中国建设银行总行（左）与中国银行香港分行（右）

和其他传播渠道相比，建筑风格的传播有一个最大的特点，就是一旦确定就长期不变，它将永不停止地向所有注视着它的人诉说着当初设计者想要表达的理念。这种理念若和企业的文化理念符合，将会形成一种强大的传播力量。相反，则会成为一种强大的干扰力量。

美国坎顿锐步集团

美国坎顿锐步集团是美国第二、世界第三的体育用品公司，从20世纪90年代中期开始，锐步在销售和设计方面均不景气。为此锐步决定建造新的总部大楼，并利用这一机会重新塑造自己的工作场所并且提高锐步的设计品牌，锐步希望通过此举帮助公司再次回到世界体育健身领域的顶峰。其总裁说到“我希望的不是一个办公楼而是一个代表我们创新精神的场所。”

通过研究和探讨，NBBJ建筑设计事务所发现，锐步的成功之道并不在于某一位出名的设计师的理念，而在于其独特的团队精神和众多设计师之间的交流和启发。为了使锐步的精髓能够在新的总部大楼中体现，新总部的建筑规划和设计非常注重空间的连接、共享和独特性。在这一崭新的工作场所里，人们可以亲身感受到锐步全球业务的各个方面。在这里，锐步员工、锐步产品和锐步精神得以相互融合，使人们不仅亲身体会到锐步的创新和团队精神，而且也感受到锐步以人为本的风尚。

新的锐步全球总部位于波士顿郊外，用地44公顷，周围树木环绕、水草丰沛，还有起伏的新英格兰山脉。在整个用地的中心是建筑面积48494m^2的总部大楼。设计寻求一个将建筑和环境相融合的规划。虽然基地上有足够的空间分散安排室外运动场，但NBBJ却特意将这些运动场安排在总部大楼附近，通过对局部大楼的架空甚至让一个运动场直接从大楼下面穿过。

3层高的环形玻璃长廊联系着4个放射状的办公楼，之间安排了不同的室外运动场。办公楼无形中变成了体育场的看台，参与和被参与在这里巧妙地组合在一起。3层高的环形长廊构思源于对锐步精神的研究。为了创造一个共享的氛围，建筑师为之提供一个能够使人们交流和接触的场所。各层平台提供良好的视野，让员工和客人既可以看到室外径场，也可以看到室内的篮球场，特别是通过一层楼面的部分挖空，让人们直接看到楼下穿过的室外跑道。虽然这是一个跨国公司的总部办公大楼，但一进大门经常传来的却是篮球鞋擦过地板的声音，这种独有的结合性充分体现了锐步的独创精神。如图3－2所示。

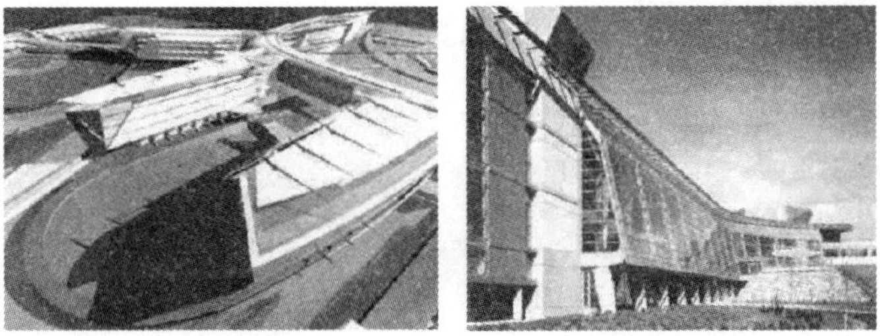

图 3－2 美国新锐步总部鸟瞰（左）及新锐步大楼（右）

摘自：孙蓉辉《企业文化的建筑特征》

■ 在空间布局中嵌入文化

和建筑的风格相似，企业办公地点的空间布局同样是企业价值观最重要的体现方式之一。相对于风格来说，空间布局对于营造氛围有时更为重要。官僚型组织和网络型组织在室内布局方面表现出截然不同的风格：官僚型组织的室内空间分布会体现出等级差别，不同级别的人在室内分配到的空间是明显不一样的。同时，上下级之间的空间间隔是非常明显的，秘书或保安把门的高层经理办公室，寂静无声的走廊，是官僚型组织非常明显的特征。

相反，网络型组织的室内空间分布很难看出等级差别，不同职位的人混杂坐在同样大小的卡座里，即使有的高层领导拥有自己的办公室，也大多是透明的，而且是大门敞开的，几乎所有员工都可以直接到领导办公室谈一些自己的事情。如图 3－3 所示。

图 3－3　Google 米兰办公室

不仅仅是空间大小的分配，员工之间私密空间的公开程度，包括方向的选择，内部装修豪华程度的选择等因素都无不反映企业的价值理念。就一般的经验来看，企业内最好的空间，朝阳且通风的位置一般由领导占据，然后是中层干部，最后是员工，员工分配的空间一般是整个建筑内最差的一块。但在江苏泰州移动通信有限公司我们遇到了相反的情形，公司高层领导的办公室都在大楼的北半部，阳光终年不能照射、背风背水，而基层员工的办公地点几乎都是整个建筑中最好的地点。这种空间布局非常明确地反映了泰州移动倡导的“以人为本”的价值理念。

美国国会山与白宫的空间

国会山也就是通常说的国会大厦，是美国国会办公机构所在地，它是美国的心脏建筑。美国人把国会大厦看做是民有、民治、民享政权的最高象征。美国参、众两院构成的国会就在这里举行会议，一边一院，通常被视为华盛顿的象征。如图 3－4 所示。

图 3-4　国会山（左侧）与白宫（右侧）

右边那座精致温馨的两层小楼正是美国白宫，这样的布局缘由何在呢？美国定都华盛顿后，邀请美籍爱尔兰人设计师——詹姆斯规划设计城市建设。詹姆斯非常敬重华盛顿对美国的贡献和其个人的人格魅力，所以他设计了一座与凡尔赛宫一样规模宏大、富丽堂皇的总统府。但是，当他把设计图纸呈现给华盛顿审定时，华盛顿十分坚决而明确地否定了这个方案。他说："我不是东方的封建帝王，也不是欧洲的皇室君主，我是美利坚合众国的第一个总统，我是这个国家的第一公民，总统府就是我任职期间工作和居住的地方，而国会才是国家权力的象征。"于是詹姆斯根据华盛顿的要求放弃了原来建造一座宫殿的思路，重新设计了现在这座既有欧洲别墅特点、又有美国现代风格的总统府——白宫。就这样，华盛顿市少了一座近代建起的新宫殿，多了一个英明民主国家元首的精致官邸。

华盛顿对白宫建设的干预及决策，历史性地奠定了美国总统的公民性质、居住待遇以及与国会之间的关系，同时决定了国会大厦与白宫的空间布局。

■ 中国企业的文化盲区

对于建筑风格和空间布局的文化影响，鲜有企业家真正意识到其重要性，以至于很多企业的建筑设计放任自流、五花八门。其中不乏纯粹按实用的原则选择设计方案、或者一味按照审美的原则选择方案、或者完全照搬他人、甚至有时是“奇形怪状”的设计方案。有些企业家重视设计师和风水师的建议，却忽视了自己企业的文化诉求，结果建成后的风格和布局要么和自身企业文化不搭界，要么相互冲突，而这种失误一旦形成后，对企业文化的影响将是长期的。

第二节　理念与标识

■ LOGO 本身就是媒体

为了便于识别、传播和记忆，现代企业几乎都制定了自己规范化的视觉识别系统（CI），而 LOGO 是整个 CI 系统的核心，是企业对内对外的公认的标志，LOGO 即代表企业。

作为一个企业的标志，是否容易被识别、被传播、被记忆，是否在视觉上让人感觉舒服和愉悦，是广告传播意义上衡量一个 LOGO 设计成败的标准，很多著名企业 LOGO 基本都能够满足上述标准，如图 3－5 所示。

图 3－5　生活中最常见的 LOGO

作为 CI 核心的 LOGO 一旦被确定，就会被广泛应用于企业对外广告宣传，对内办公用品、用具、办公环境的标记与装饰，成为企业最频繁出现的符号。对于企业内部员工而言，企业的 LOGO 几乎无处不在，无时不在。

被广泛应用和传播的 LOGO 既是传播的对象，同时从某种意义上说，LOGO 实际上也是企业拥有的最强大的媒体之一，通过其无处不在的身影传递某种信号或理念是非常容易的事情。

可口可乐 LOGO 所要传递的内涵

可口可乐标志及饮料瓶的设计是罗维 20 世纪 30 年代的成功之作。他采用白色作为字体的基本色，并采用飘逸、流畅的字形来体现软饮料的特色。可口可乐选用的是红色，在鲜红的底色上印着白色的斯宾塞体草书“Coca－Cola”字样，白字在红底的衬托下，有一种悠然的跳动之态，草书则给人以连贯、流线和飘逸之感。红白相间，用色传统，显得古朴、典雅而又不失活力。

新 LOGO：变化过的新标志让人眼前一亮，感觉相当具有现代气息，更加富有动感效果。尽管保留了可口可乐视觉商标中专有红色、斯宾塞体书写的白色英文商标、弧形瓶及波浪形飘带图案等基本元素，但新标志在红色背景中加入了暗红色弧形线，增加了红色的深度和动感，并产生了多维的透视效果。原来单一的白色“波浪形飘带”也演变为由红、白、银色组成的多层次多颜色的飘带。如图3－6所示。

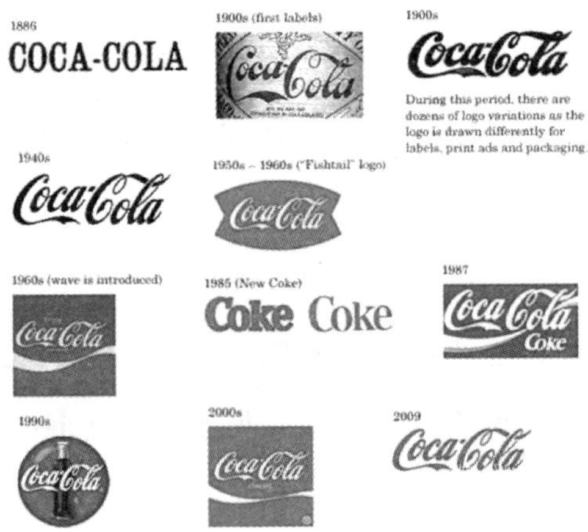

图3－6　可口可乐公司LOGO的演变

中国国际航空公司LOGO

国航的企业标识由一只艺术化的凤凰和邓小平先生书写的“中国国际航空公司”以及英文“AIR CHINA”构成。凤凰是中华民族古代传说中的神鸟，也是中华民族自古以来所崇拜的吉祥鸟。据《山海经》中记述：凤凰出于东方君子国，飞跃巍峨的昆仑山，翱翔于四海之外，飞到哪里就给哪里带来吉祥和安宁。国航航徽标志是凤凰，同时又是英文“VIP”（尊贵客人）的艺术变形，颜色为中国传统的大红，具有吉祥、圆满、祥和、幸福的寓意，正是希望这神圣的生灵及其有关它的美丽的传说带给朋友们吉祥和幸福，代表国航视每一位乘客及货主为上宾看待。如图3－7所示。

图3－7　中国国际航空公司 logo

■ 传递文化是 LOGO 之责

LOGO 的这一媒体属性要求其本身必须富有某种内涵，只有这样才能避免浪费这一媒体资源。

一方面，LOGO 作为被传播者本身不能够太复杂，须保持简洁才容易被记忆；另一方面，它因为本身的简洁而不可能传递太多的信息。作为最强大的媒体资源，但又不能够传递太多的信息，那么只能选择传递最重要的信息，这是必然的选择。

对于企业而言，长期不变的、最重要的信息不可能是产品信息，因为产品必然会更新换代，只能是高于产品之上且能够反映企业核心特征的文化信息，即企业的使命追求、价值主张。

所以，优秀的LOGO设计除了前面所述的容易被识别、被传播、被记忆，视觉上让人感觉舒服和愉悦的标准之外，需另增一条标准，即能够与企业的文化理念结合，很好地传递企业的文化特点，这是真正优秀的LOGO设计的必备特点。

IBM的LOGO及文化内涵

IBM的LOGO演变史和IBM的公司名称有关，在1924年以后公司的名称改成了International Business Machines Corporation，简称为IBM。在20世纪中期，科技公司基本上已经开始实行文字标志为主题的LOGO，于是在1947－1956年IBM将LOGO设计成了以IBM为主体的文字LOGO。1956年，用City Medium字体取代了Beton Bold字体，使“IBM”字母显得更刚性、更扎实、更平衡。1972年，用蓝色水平的条纹替代了实心字符，象征着二进制这一概念，很巧妙地将公司的行业特征带到了LOGO中，同时暗示着“速度和力量”。新LOGO把美国的国旗和IBM的标识用蒙太奇手法拼接在一起，这样，就把企业的形象和美国的国家形象联系起来，把企业的文化和美国的文化结合起来，把企业的理念和国家的理念结合起来，把企业的精神和国家的精神结合起来。其颜色——海洋的深蓝色，是它的企业文化色，也预示拥有世界上最深奥的高精尖端技术。IBM的标识的变化是20世纪90年代品牌发展最伟大的成就之一。IBM由古板自负的庞然大物成功地转变成为电子商务的代名词。如图3－8所示。

图 3－8　IBM 的 LOGO 演变

奔驰的 LOGO 及文化内涵

1909 年 6 月，戴姆勒公司登记了三叉星作为轿车的标志。三角菱形是一种雄心，是一种壮志，象征着陆上、水上和空中的机械化，都有奔驰的杰作。三角形是最佳的稳定形式，它给人们带来的安全稳定感，是其他图形所无法比及的。三叉星表明，产品的安全、质量的稳定，会使每一个乘坐奔驰汽车的人舒适、放心。后增加一个圆环，圆形是天生美的形式，它使人们更乐于主动地接受；同时也很容易使人们产生联想——奔驰将在任何一个空间，追求圆满，也会使消费它的每一个人，在全方位的空间得到最满意的享受。如图 3－9所示。

图 3－9　奔驰的 LOGO 演变

■ 如何让 LOGO 承载文化

在标识设计方面，中国企业普遍容易犯的错误是，LOGO 的自身内涵与企业的文化理念毫不相关，企业的文化理念由企业的文化部门诠释，而企业的 LOGO 则由企业的品牌部门负责诠释，一般是由视觉设计企业的设计师负责设计。两者的诠释没有必然的相关性和联系。即使有联系也仅是穿凿附会，因为设计师在帮助企业设计 LOGO 时根本不知道企业的文化特点。等到 LOGO 设计好了再进行与文化的关联性解释，实际上毫无意义。

正常的程序应该是，企业在 LOGO 设计前，应该先把企业的文化特点作为输入条件，然后由视觉设计师综合考虑识别、传播、主题等因素进行方案设计，所谓的后来的诠释，实际就是当初的设计理念，而不是设计完成后的牵强附会的解释。

由于作为企业形象而被长期宣传，广泛使用，企业标识通常是稳定和一贯的。但随着时代的变迁或企业自身的变革与发展，标识所反映的内容或风格有可能落后于时代，因此在保持相对稳定性的同时，也会作必要的调整修改。所以在设计时要跟着时代的步伐前进。

上海柴油机有限公司

为了适应时代的需要，2004 年上柴启动了新的企业标志，以“上柴”两字的汉语拼音字母 SC 为中心，组合成旋转图形，象征柴油机强劲运转，为社会进步输出动力。正圆的外形体现企业运行顺畅，状态圆满的形象，象征团结一致，与用户交融，与行业共鸣的理念；圆形与“上柴动力”组合，犹如红日初升，每天都是新的，展现上柴力求创新、锐意进取的精神。红白相间的色彩搭配，鲜明醒目；圆形的设计，使整个图形看起来圆润舒畅。经过一年的标志推广，现在上柴新标志已经得到了用户的认可，如图3－10所示。

图3－10　上海柴油机有限公司 logo

斯柯达百年 logo 演变

斯柯达作为百年企业，LOGO 也随环境的变化进行更换，由最早的以 Slavia 命名的标识到现如今的“飞羽箭”。1991 年，斯柯达对原有标识作了局部变动，就变成了现在大家所见到的斯柯达车标。同时斯柯达也赋予了新车标更加具体的含义：带羽翼的飞箭采用绿色，飞羽代表技术进步，绿色代表斯柯达品牌的自主独立，同时也表达斯柯达汽车公司生产绿色产品的责任和义务；箭头代表精湛的工艺和生产方式，小圆圈或者眼睛表示远见和精确，而黑色则象征着斯柯达百年的文化底蕴，外围的圆圈代表全球化。如图3－11所示。

图3－11　斯柯达百年 logo 演变

『信』篇

从大家的『理念』到大家的『信念』

- 企业家怎样成为文化牧师和行动楷模
- 用制度让“一个念头”变成“我相信”
- 如何根据文化的脚本，导演好仪式

第四章　如何让企业家发挥作用

——言语与行动

企业家是企业文化的缔造者，也是企业文化落地的第一推动力和持续推动力。企业家作用发挥到位，文化落地工作做起来事半功倍；相反，如果企业家作用未能有效发挥，文化落地工作做起来事倍功半。很多人都知道这一点，但大部分人至今仍然不知道如何让企业家在文化落地过程中发挥作用。

第一节　企业家“言”的影响

■ 企业家就是文化牧师

海尔 CEO 张瑞敏曾经讲到自己在海尔扮演的角色：一是海尔价值理念的设计者；二是牧师，即海尔价值理念不懈的宣讲者和实践者。张瑞敏的话道出了一个企业领导人在企业文化建设中的主要责任：构建企业的价值理念，并不懈地宣传和实践企业的价值理念，其中宣传和实践企业价值理念的目的在于推进企业文化理念的落地，宣讲和实践是其推进的方法，即企业家分别用“言”的方式和“行”的方式推进。

使用过华为产品的个人客户可能寥寥无几，因为华为公司是一家通信设备的供应商，面向企业客户，但几乎没有人不知道任正非的《华为的冬天》《北国之春》《我的父亲母亲》等文章。对于企业外部人员尚且如此，对内部员工的影响便可想而知了。

另一个例子，虽然海尔产品的用户数量极多，但是听过张瑞敏讲“激活休克鱼”故事的人更多，而且几乎所有的学管理的人都知道《海尔是海》这篇文章。

不仅国内企业，不少国外企业也是如此。中国很多人在没有使用过 IBM 产品之前先了解到的是小沃森的《一个企业的信念》这篇文章；在没有使用惠普公司的产品之前，先了解到的是惠普公司老总宣讲的“惠普之道”，企业家“言”的影响由此可见一斑。

企业家在言的方面对企业文化建设的推进作用不同于企业文化理念体系的构建。众所周知，企业文化理念体系的构建是企业家在企业文化建设中必须完成的工作，很多企业家虽已意识到自己在理念体系构建中的作用，但对于构建完理念体系之后的作用，特别是言的方面的作用往往没有加以注意或者说少有作为。

我们在咨询的过程中对很多企业进行调研，发现一个共同的现象：在大部分企业中，除了正式的工作报告以及关于业务、管理方面的具体工作的发言指示外，企业家在言的方面几乎没有像任正非的《华为的冬天》、张瑞敏的《海尔是海》类似的言论。我们和企业家交流此类现象的看法时，大部分企业家谈及日常工作太忙，大部分时间在埋头拉车，没有时间谈一些看似较虚的话题。

从外部流传出的信息来看，中国大部分企业家都属于这种情况，即除了实实在在的有关工作方面的文章言论之外，几乎没有其他的言论。在言的方面，大部分企业家所做的仅此而已。为什么会出现这样的情况？事实真的如大部分企业家所描述的那样吗？

其实不然。如果事实真的与大部分企业家所描述的一致，难道任正非和张瑞敏就不忙吗？作为中国最大企业的老总，任正非和张瑞敏都能够经常抽出时间发表一些文章，去宣讲企业的价值观，那么，其他规模在华为和海尔之下的企业的领导不可能没有时间做同样的事情。关键原因在于大部分企业家没有认识到自己日常的言论对于推进企业价值理念的作用。

很多企业家认为在完成构建企业价值理念体系之后就完成了自身的任务，事实上并非如此。企业理念的推进过程是一个非常漫长的过程，仅仅发布一个企业价值理念体系不可能让全体员工都理解，更别寄希望于让全体员工认同。企业家需要结合日常的运营反复阐述，通过日常具体事例的阐发让全体员工认识到企业的价值理念如何体现和应用在现实中。

华为公司尽管出台了《华为基本法》，但华为公司员工对于《华为基本法》中提到的很多理念并不完全理解，任正非正是通过《华为的冬天》《北国之春》《我的父亲母亲》《天道酬勤》和《一江春水向东流》等脍炙人口的文章和其他很多发表在华为内部刊物上的文章一点一滴地完成了对《华为基本法》的诠释。《华为基本法》之所以能够在华为公司乃至在中国企业界产生如此大的影响，一方面是由于《华为基本法》本身的内容厚重、文采飞扬；另一方面重要的原因是《华为基本法》出台后，任正非的一系列旨在诠释《华为基本法》的文章。

如果说任正非更多的是以文章的方式在宣讲华为的价值理念的话，张瑞敏则选择以演讲的方式在全国各地宣讲海尔的价值理念。

无论是在海尔的各种各样的内部会议，在哈佛和北大的讲坛，还是在中央电视台演播室，张瑞敏几乎一有机会就向听众讲述海尔的价值观。

任正非持之以恒地在《华为人》报上发表文章，张瑞敏三句话不离海尔理念的演讲，换来的是华为和海尔企业理念的深入人心，这正是华为和海尔在价值理念推进过程中和其他很多企业不一样的地方，是很多国内企业家需要密切关注的事情。**企业家不但要承担企业文化理念的构建任务，同时须承担起企业文化理念的日常的诠释和宣讲任务，这是别的角色所不能替代的，是企业家必须完成的工作。**

■ 文化牧师的典范——任正非

任正非无疑是中国当代企业家中表现最出色的文化牧师典范。《华为基本法》从 1998 年问世至今 15 年的时间，一直保持着强大的影响力，无论是内部员工还是外部相关利益方，无不对其所表达的文化理念表示理解和认同。这一方面与华为事业的成功有关，另一方面，与任正非坚持不懈的文化传播息息相关。任正非在近十几年的时间里，仅对外公开发表的具有重大影响力的文章就有十几篇，像《华为的冬天》《我的父亲母亲》《北国之春》《天道酬勤》和《一江春水向东流》等，内部发表的文章就更多了。

例如，《华为基本法》中有几处地方专门表达了企业的危机意识，如图 4－1 所示。

第六条　资源是会枯竭的，唯有文化才会生生不息

第九十八条　高技术的刷新周期越来越短，所有高科技企业的前进路程充满了危机。华为公司由于成功，公司组织内部蕴含的危机也越来越多，越来越深刻。我们应该看到，公司处于危机点时既面临危机又面临机遇。危机管理的目标就是变危险为机遇，使企业越过陷阱进入新的成长阶段

第九十九条　公司应建立预警系统和快速反应机制，以敏感地预测和感知由竞争对手、客户、供应商及政策法规等造成的外部环境的细微但重大的变化；处理公司高层领导不测事件和产品原因造成的影响公司形象的重大突发事件

图 4－1　华为基本法中关于危机意识的阐释

但是仅依靠上述两三百字的表达很难给人以深刻的印象，员工也不可能借此充分理解任正非希望传达的危机意识，于是他巧妙地借助《华为的冬天》一文充分表达了自己对于危机的认识。

任正非：华为的冬天

公司所有员工是否考虑过，如果有一天，公司销售额下滑、利润下滑甚至会破产，我们怎么办？我们公司的太平时间太长了，在

和平时期升的官太多了，这也许就是我们的灾难。泰坦尼克号也是在一片欢呼声中出的海。而且我相信，这一天一定会到来。面对这样的未来，我们怎样来处理，我们是不是思考过。我们好多员工盲目自豪，盲目乐观，如果想过的人太少，也许就快来临了。居安思危，不是危言耸听。

我到德国考察时，看到第二次世界大战后德国恢复得这么快，当时很感动。他们当时的工人团结起来，提出要降工资，不增工资，从而加快经济建设，所以战后德国经济增长很快。如果华为公司真的危机到来了，是不是员工工资减一半，大家靠一点白菜、南瓜过日子，就能行？或者我们裁掉一半人是否就能救公司。如果是这样就行的话，危险就不危险了。因为，危险一过去，我们可以逐步将工资补回来。或者销售增长，将被迫裁掉的人请回来。这算不了什么危机。如果两者同时都进行，都不能挽救公司，想过没有。

十年来我天天思考的都是失败，对成功视而不见，也没有什么荣誉感、自豪感，而是危机感。也许是这样才存活了十年。我们大家要一起来想，怎样才能活下去，也许才能存活得久一些。失败这一天是一定会到来，大家要准备迎接，这是我从不动摇的看法，这是历史规律。

目前情况下，我认为我们公司从上到下，还没有真正认识到危机，那么当危机来临的时刻，我们可能会措手不及。我们是不是已经麻木，是不是头脑里已经没有危机这根弦了，是不是已经没有自我批判能力或者已经很少了。那么，如果四面出现危机时，那我们可能是真没有办法了。那我们只能说“你们别罢工了，我们本来就准备不上班了，快关了机器，还能省点电。”如果我们现在不能研究出现危机时的应对方法和措施来，我们就不可能持续活下去。

这三年来的管理要点讲的都是人均效益问题。不抓人均效益增长，管理就不会进步。因此一个企业最重要、最核心的就是追求长远地、持续地实现人均效益增长。当然，这不仅仅是当前财务指标的人均贡献率，而且也包含了人均潜力的增长。企业不是要大，也不是要强，短时间的强，而是要有持续活下去的能力与适应力。我们有一位员工写了一篇文章《还能改进吗？还能改进吗?》，只有不断改进，我们才有希望。但是华为公司有多少员工在本职岗位上在改进，有多少人在研究还能再改进。我们的干部述职报告所有指标都是人均效益指标。人均效益指标降低了，我们就坚定不移地降工资。如果你连降工资都不能接受，我认为你就没有必要再留在华为公司奋斗了。一个部门领导没有犯过什么错误，但人均效益没有增长，他应下台了。另一个部门的领导犯过一些错误，当然不是品德错误，是大胆工作，大胆承担责任，缺经验而产生的错误，而人均效益增长，他应受到重视。若他犯的错误，是集体讨论过的，错了以后又及时改正了，他应受到提拔。各级干部部门，要防止明哲保身的干部被晋升。在一个系统中，人均效益的指标连续不增长，那么主要部门领导与干部部门的人，应全部集体辞职。因为，人是他们选的，他们选了些什么人。

在当前情况下，我们一定要居安思危，一定要看到可能要出现的危机。大家知道，有家是世界上第一流的公司，确实了不起，但去年说下来就下来了，眨眼之间这个公司就几乎崩溃了。当然，他们有很好的基础研究，有良好的技术储备，他们还能东山再起。最多这两年衰退一下，过两年又会世界领先。而华为有什么呢？我们没有人家雄厚的基础，如果华为再没有良好的管理，那么在真正的崩溃后，将来就会一无所有，再也不能复活。

华为公司老喊狼来了，喊多了，大家有些不信了。但狼真的会来的。今年我们要广泛展开对危机的讨论，讨论华为有什么危机，你的部门有什么危机，你的科室有什么危机，你的流程的哪一点有什么危机。还能改进吗？还能再改进吗？还能提高人均效益吗？如果讨论清楚了，那我们可能就不死，就延续了我们的生命。怎样提高管理效率，我们每年都写一些管理要点，这些要点能不能对你的工作有些改进，如果改进一点，我们就前进了。

我们怎样才能活下来。同志们，你们要想一想，如果每一年你们的人均产量增加15%，你可能仅仅保持住工资不变或者还可能略略下降。电子产品价格下降幅度一年还不止只15%吧。我们卖的越来越多，而利润却越来越少，如果我们不多干一点，我们可能保不住今天，更别说涨工资。

……

华为的危机，以及萎缩、破产是一定会到来的。

现在是春天吧，但冬天已经不远了，我们在春天与夏天要念着冬天的问题。我们可否抽一些时间，研讨一下如何迎接危机。IT业的冬天对别的公司来说不一定是冬天，而对华为可能是冬天。华为的冬天可能来得更冷，更冷一些。我们还太嫩，我们公司经过十年的顺利发展没有经历过挫折，不经过挫折，就不知道如何走向正确道路。磨难是一笔财富，而我们没有经过磨难，这是我们最大的弱点。我们完全没有适应不发展的心理准备与技能准备。

我们在讨论危机的过程中，最重要的是要结合自身来想一想。我们所有员工的职业化程度都是不够的。我们提拔干部时，首先不能讲技能，要先讲品德，品德是我讲的敬业精神、献身精神、责任心和使命感。危机并不遥远，死亡却是永恒的，这一天一定会到来，你一定要相信。从哲学上，从任何自然规律上来说，我们都不能抗拒，只是如果我们能够清醒地认识到我们存在的问题，我们就能延缓这个时候的到来。繁荣的背后就是萧条。玫瑰花很漂亮，但玫瑰花肯定有刺。任何事情都是相辅相悖的，不可能有绝对的。今年我们还处在快速发展中，员工的收入都会有一定程度的增加，在这个时期来研究冬天的问题，比较潇洒，所以我们提前到繁荣时期来研究这个问题。我们不能居安思危，就必死无疑。

危机的到来是不知不觉地，我认为所有的员工都不能站在自己的角度立场想问题。如果你们没有宽广的胸怀，就不可能正确对待变革。如果你不能正确对待变革，抵制变革，公司就会死亡。在这个过程中，大家一方面要努力地提升自己，一方面要与同志们团结好，提高组织效率，并把自己的好干部送到别的部门去，使自己部下有提升的机会。你减少了编制，避免了裁员、压缩。在改革过程中，很多变革总会触动某些员工的一些利益和矛盾，希望大家不要发牢骚，说怪话，特别是我们的干部要自律，不要传播小道消息。我认为，每一个人都要站在严格要求自己的角度说话，同时也要把自己的家属管好。一个传播小道消息、不能自律的人，是不能当干部的，因为你部下的许多事你都知道，你有传播习惯，你不会触及部下？他们能相信你？因此，所有的员工都要自律以及制止小道消息的传播，帮助公司防止这些人成为干部。

对待媒体的态度，希望全体员工都要低调，因为我们不是上市公司，所以我们不需要公示社会。我们主要是对政府负责任，对企业的有效运行负责任。对政府的责任就是遵纪守法，我们去年交给国家的增值税、所得税是18亿元，关税是9亿元，加起来一共是27亿元。估计我们今年在税收方面可能再增加70%～80%，可能要给国家交到四十多亿元。我们已经对社会负责了。媒体有他们自己的运作规律，我们不要去参与，我们有的员工到网上辩论，是帮公司的倒忙。媒体说你好，你也别高兴，你未必真好。说你不好，你就看看是否有什么地方可以改进，报道实在有出入的，不要去计较，时间长了就好了。希望大家要安安静静的。前几年国外媒体说我们资不抵债，亏损严重，快要垮了，不是它说垮就垮的。也许它还麻痹了竞争对手，帮我们的忙。半年前，也还在说我司资不抵债，突然去年年底美国媒体又说我司富得流油，还说我有多少钱。我看公司并不富，我个人也没多少钱。你们看我像有钱人吗？你们最了解，我常常被人误认为是老工人。财务对我最了解，去年年底，我才真真实实还清了欠公司的钱，这世纪才成为无债的人。当然我买了房子、买了车。我原来是10万元买了一台广州厂处理的标致车，后来许多领导与我谈，还是买一辆好一些的车，万一车祸能扛一下。所以媒体说我们富，就富了？我看未必。而且美国媒体别有用心的编造，不知安的什么心。所以我们的员工都要自律，也要容忍人家的不了解，不要去争论。有时候媒体炒作我们，我们的员工要低调，不要响应，否则就是帮公司的倒忙。

我肯定地说，我同你们在座的人一样，一旦华为破产，我们都一无所有。所有的增值都必须在持续生存中才能产生。要持续发展，没有新陈代谢是不可能的。包括我被“代谢”掉，都是永恒不变的自然规律，不可抗拒，我也以平常心对待。

我认为，我们要严格要求自己，把自己的事做好，把自己不对的地方改正。别人说的对的，我们就改了；别人说的不对的，时间长了也会证实他说的没道理，我们要以平常心对待。我希望大家真正能够成长起来，挑起华为的重担，分担整个公司的忧愁，使公司不要走向灭亡。为了大家，大家要努力。希望大家正确对待社会上对我们的一些议论，希望大家安安静静的。我想，每个员工都要把精力用到本职工作上去，只有本职工作做好了才能为你带来更大的效益。国家的事由国家管，政府的事由政府管，社会的事由社会管，我们只要做一个遵纪守法的公民，就完成了我们对社会的责任。只有这样我们公司才能安全、稳定。不管遇到什么问题，我们的员工都要坚定不移地保持安静，听党的话，跟政府走。严格自律，不该说的话不要乱说。特别是干部要管好自己的家属。我们华为人都是非常有礼仪的人，当社会上根本认不出你是华为人的时候，你就是华为人；当这个社会认出你是华为人的时候，你就不是华为人，因为你的修炼还不到家。

“沉舟侧畔千帆过，病树前头万木春”。网络股的暴跌，必将对两、三年后的建设预期产生影响，那时制造业就惯性进入了收缩。眼前的繁荣是前几年网络大涨的惯性结果。记住一句话“物极必反”，这一场网络、设备供应的冬天，也会像它热得人们不理解一样，冷得出奇。没有预见，没有预防，就会冻死。那时，谁有棉衣，谁就活下。

第二节 企业家“行”的影响

关于企业领导在企业文化推进或塑造中的作用论述最详尽的应属美国著名企业文化专家、麻省理工学院教授埃德加·沙因。沙因在他的著作《企业文化与领导》中专门讲述了企业领导在企业文化再造中的重要作用。沙因认为，企业文化与领导就是一个硬币的两面，两者密不可分。

沙因把企业领导作用于企业文化的方式分为六个方面，这六个方面实际上是企业家在企业文化落地过程中具体发挥作用的六个抓手。如图 4 – 2 所示。

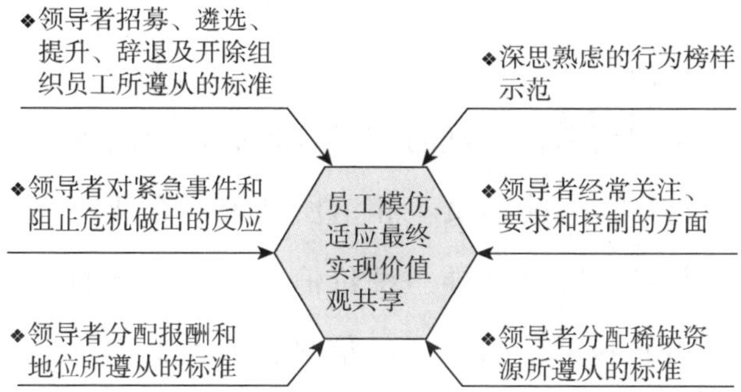

图 4 – 2 企业领导作用于企业文化的方式

■ 深思熟虑的行为榜样示范

关于领导者行为的示范作用，孔子在《论语》中有着多处非常翔实的阐述。例如，孔子在《论语》之宪问篇中说到“君子之德风，小人之德草。草上之风，必偃。”意思为“领导者的行为就像风一样，而普通百姓的行为就像草一样，风往哪个方向刮，草必定往哪个方向上倒。”又如，孔子在《论语》之为政篇中说到“为政以德，譬如北辰，居其所而众星拱之。”意思为“以德治国，不用太麻烦，就像北斗星一样，只要处在该处的位置，干些自己该干的事情，其他星辰就会环绕在周围。”再如，孔子在《论语·颜渊》回答季康子时说“政者，正也。子帅以正，孰敢不正。”意思为“管理国家，主要就是要以身作则。如果领导者一身正气，作为下属的哪有敢不正派的。”《论语》中关于领导行为在管理中发挥作用的陈述还有很多，大致讲述的都是同样的道理：领导人行为的示范作用在管理中至关重要。虽然原文中谈及的主要是治国道理，但治企与治国的道理实质是相通的。

推行一种文化理念，最好的方式是企业领导层率先在行为上做出表率。只有这样，才能让员工相信所开展的企业文化建设是动真格的。否则，领导一方面倡导一种价值观，另一方面行为上却不能一贯坚持，有时候甚至给出相反的信号，那么，你就永远不要寄希望于员工率先奉行。领导层要永远记住一句话——员工始终是跟着领导走的。要推行一种价值观，领导可以只做不说，但绝对不可以只说不做，否则只能适得其反。

京东商城的特别配送员刘强东

京东商城在众多的电商中是以重视客户体验而著称的，让“购物变得简单快乐”是京东商城一直以来的使命追求，也是几万名京东员工融入骨子里面的信念，这种信念的形成与刘强东的亲历亲为有很大关系。从最初开始，京东商城总裁刘强东就强调客户体验，刘强东无论多忙，每年都会抽出几天的时间来当配送员，亲自到一线直接和用户进行一些面对面的交流，用户很多的意见都可以直接反馈给他，这是一个非常重要的方面。刘强东的亲自示范对于几万名京东人来讲无疑是一种最有力的引领和督促。

现代组织行为学的研究成果表明，组织成员的行为形成过程是组织成员之间相互学习、相互博弈的过程，其中组织中领导者的行为对于组织群体行为的形成起着关键性作用；其次是管理行为，即组织中管理者队伍的群体行为。**从某种程度上说，员工行为只是函数的一个变量，而领导行为和管理行为是自变量。**一般情况下，什么样的领导行为就会促成什么样的管理行为，而什么样的管理行为就会促成什么样的员工行为，员工行为就是领导行为的放大过程，虽然这种放大不是一种线性的简单放大，但其中也存在着一种必然的互动关系，这种关系的紧密性要远远高于员工行为与制度、与正式培训的紧密性。一旦员工行为通过与领导的长期博弈，形成一种惯性的行为模式或做事范式时，即标志着企业文化的形成。

咨询师抽烟族的形成

在我早年做咨询的过程中有过一段特别有趣的经历：当时很多咨询师来自高校，大部分咨询师没有抽烟的习惯，但是，咨询公司的领导（也是我们的老师）是一个烟瘾非常大的人，而且抽烟方面非常讲究，一般情况只抽方盒白三五，而且是用一种当时市面上还很少见的长烟嘴，一种声音听起来非常悦耳的ZIPPER打火机。大家可以想象一下以后发生的事情：当时我们老师抽烟的时候总是希望找一个烟伴，总是给所有在场的员工让烟抽，年轻的咨询师一般是因为盛情难却，或者是因为好奇，半推半就之中就抽上了烟。“老师散烟学生抽”的模式持续了一段时间，情况开始发生变化：一些咨询师慢慢开始有一点儿上瘾，上瘾后不好意思再找老师要烟抽了，于是有的咨询师开始自己买烟，当发现老师想抽烟时就急忙掏出自己的烟让给老师。但是前面讲过，老师对抽的烟是非常讲究的，只抽方盒白三五，其他的烟一般是不抽的，这就意味着买其他烟抽的人只能抽老师让来的烟，而无法给老师让烟，这种情况久而久之是让人很难为情的。于是有烟瘾的咨询师也开始只买方盒白三五抽，这样可以在烟场上与老师平等往来。于是在当时公司很快就形成了一个方盒白三五抽烟族。事情还没有结束，要知道老师在抽烟时使用长烟嘴的方式也是很让一些年轻咨询师羡慕和向往的，于是消息比较灵通的咨询师就到处寻找能够买得到长烟嘴、买得到ZIPPER打火机的地方。很快，原来的方盒白三五抽烟族就叼上了长烟嘴，用上了美国ZIPPER打火机。

上述经历虽只是一件日常小事，但类似的例子却是时常发生在组织中的事情。组织中的很多行为及习惯大都是按照这种方式在不经意中逐渐形成的。这中间可能基本没有制度的影子，没有强制性宣贯之类的活动，也没有让人厌烦的说教，有的只是领导者的示范，甚至是无言的示范。

中国企业在文化建设过程中，领导行为示范作用的发挥普遍比较微弱，甚至相当部分企业的领导行为在企业文化建设中起到的是一种相反的作用。一方面，由于大部分企业的领导者对于自身行为在企业文化建设中的重要作用了解不足。譬如，存在很多企业的领导者认为企业文化建设仅是相关职能部门的事务，不属于企业最高领导所关注的范畴；**另一方面，因为领导者示范作用的有效发挥，必须改变自身很多习以为常的行为方式，这对于多数领导者来说是非常苛刻的，这可能是最重要的原因。**

孟子曾说到“格物、致知、正心、诚意、修身、齐家、治国、平天下”，一个优秀的领导者若想实现“齐家、治国、平天下”，必须先做到“格物、致知、正心、诚意、修身”。然而，对于一个领导者而言，前几个阶段却是最难达到的。

不了了之的考勤制度

某公司出台了严格的考勤制度，要求所有的员工必须八点准时上班，而且所有的员工上下班必须打卡，迟到、早退都要罚款。但是，该公司老板有个习惯，即喜欢深夜工作，每天一般是上午十点以前不起床，考虑到老板的生活习惯，该公司出台考勤制度时，就没有把老板列入考勤之列。但是，老板每天十点以前不上班，造成很多围绕老板的部门八点到十点之间没事可干，包括一些副总。考勤制度刚开始执行得还算严格，但时间不长，一些副总也开始让人代替打卡，或者干脆也到十点以后才上班，再后来，公司内代替打卡的人越来越多，最后整个考勤的事情不了了之。

类似的案例在中国企业中可以说是司空见惯，实际上我们可以做一个设想：假设该公司不出台专门的考勤制度，而领导者本人是一个非常准时上下班的人，会是一种什么样的情形？

上述案例说明了一个道理：企业领导者的行为比制度更有说服力，更有推动力。没有制度，可以通过领导示范推动很多事情；但若只有制度，没有领导者的行为示范，往往推动不了任何事情。

中国企业家中很多人非常重视制度建设与理念宣贯，为此往往不惜投入大量的人力与物力，但在个人行为示范方面却没有加以必要的关注，实际上这是一种南辕北辙、事倍功半的做法。

另一种现象同样支持上述判断。目前，中国很多企业都制定了《员工行为规范》，而且几乎所有的管理者都认为规范员工的行为是必须且非常有意义的。但从当前大部分企业的执行情况来看，《员工行为规范》执行地并不理想，而执行不理想的主要原因不是由于员工行为不自觉和积习难改，关键原因在于企业员工反映：他们的上司并不遵守企业公开发布的《员工行为规范》，而只是一味要求基层员工遵守，这对于很多员工来说并不公平，至少没有形成共同的心理契约。既然没有形成共同的心理契约，自觉遵守的可能性也就大打折扣。

由此不难发现，员工行为之所以难以改变，行为规范之所以无人遵守，关键原因在于企业中的领导者和管理层。其实只要领导者和全体管理层能够做到，员工就肯定能够做到。孔子说到“子帅以正，孰敢不正”、“君子之德风，小人之德草。草上之风，必偃”。**事实上，大部分员工只是随风之草，追群之羊，他们上司的行为往往是他们不加思考的必然选择。所以，企业希望推进企业文化建设，改变员工的行为习惯，对管理者行为进行规范才是关键。**

■ 经常关注、要求和控制的方面

在企业中，领导经常关注、要求和控制什么，下属就会关注什么。领导的关注就是指挥棒，领导关注到哪里，员工的行为就会做到哪里，领导经常关注的事情，就是下属经常要做的事情。久而久之，领导的经常关注就会成为下属的习惯。领导不关注的地方，员工一般不会主动做到，更不会长期一贯地坚持做到。

山姆·沃尔顿与沃尔玛成本文化

沃尔玛非常关注成本，在沃尔玛的文化里，企业每省一分钱都是在为顾客创造价值，因为沃尔玛知道，企业所有的成本，最终都要由顾客买单。沃尔玛的创始人山姆·沃尔顿深知这个道理，所以在他巡视全球各家门店的时候，他最关注的就是成本问题。他会在巡视中非常关注每个门店的办公环境是否过于豪华，会在听取运营汇报的时候关注各个运营环节如何节省成本，会关注任何环节是否存在不必要的浪费。

张瑞敏与海尔质量文化

张瑞敏在接手海尔的时候就高度关注产品质量问题，对于企业运营环节任何有关质量的问题都非常关注。所以，当企业生产部门发现一批质量不合格的冰箱时，张瑞敏就极为慎重，尽管当时的质量问题只是很小的问题，并不影响冰箱的正常使用，尽管当时的冰箱价格非常高，尽管有人提出来那批不合格的产品可以分给员工使用，但是张瑞敏还是决定要召开全体员工大会，当众把不合格的冰箱砸烂。事实证明，正是张瑞敏在日常管理中对于质量问题的一贯关注，才使质量意识在海尔的员工中逐渐生根，以后的质量问题才越来越少。最后，质量成为海尔产品在市场上非常重要的竞争力，质量文化也成为海尔企业文化中非常重要的内容。

中国企业家通常所犯的错误是，自己日常关注的和企业文化倡导的经常出现不一致，企业文化倡导的理念在领导日常的检查关注中得不到明确体现。

很多企业在文化中会提到“战略合作”的理念，提倡在企业自身发展的同时，使供应商和经销商等合作伙伴实现共同发展，让企业与合作伙伴之间形成长期的战略合作关系。但是，在具体的招标采购决策中，大部分领导会自觉不自觉地将主要关注点聚焦于投标价格上，每次习惯于以投标的最低报价来确定最终的合作者。而低价中标原则本质上是与战略合作、共赢理念是相互矛盾的。如果领导坚持以每次报价的最低价中标的话，企业不可能找到长期共赢的战略合作伙伴。

分配稀缺资源所遵从的标准

企业的资源永远是稀缺的，企业领导在分配稀缺资源时往往最能体现价值倾向。一般而言，企业的资源往哪里倾斜，企业的价值倾向应该就在哪里。

如果同样一笔钱，在华为由任正非决策资金的分配，则顺序一般为技术研发优先，然后是生产和营销，因为华为选择的是“技工贸”的道路；而在联想，由柳传志决策资金的分配，则顺序一般为市场营销优先，然后为生产和技术，因为联想选择的是“贸工技”的道路。不同的资源配置顺序反映了企业家对于企业发展的不同思路，同时也反映了企业深层的文化理念。

刘强东的大手笔物流投入与京东的重视客户体验文化

京东商城自成立以来就是以客户导向而著称的公司，处处为客户考虑问题，重视客户购物体验是公司创始以来就形成的企业文化。京东商城进行的客户体验调查中发现，物流交付环节是网购客户最不满意的环节，也是最能够改善客户体验的环节，于是京东商城的刘强东把募集的十几亿美元资金大部分都投到了物流领域。刘强东的这种决心是京东商城重视客户体验的最好的注释，无疑这一投资举措也会进一步强化京东商城重视客户体验的文化。

张永舵的建筑偏执与净雅重视就餐环境的文化

净雅是一家非常重视餐饮文化的企业，在净雅的餐饮文化中，优雅的就餐环境是必不可少的组成部分。所以尽管资源有限，净雅在建设每一家门店的时候，都不惜花重金进行设计、建设和装修，即使在净雅最困难的时候，净雅的董事长张永舵也没有放弃这一追求。其中，北京金宝街店的建设，净雅宁愿背负几亿元的债务，等上两三年的延期，也要建设自己心中满意的建筑，也要为顾客打造优雅的就餐环境。当然，随着这些投资而不断得到强化的是净雅重视就餐环境的文化。

中国企业在这方面存在的突出问题是，企业价值主张的方面在领导分配稀缺资源时得不到优先考虑。很多企业天天高呼“重视人才”，但员工整体薪酬在公司总收入中的占比却一直得不到提高，企业有时候宁愿花费几亿元在中央电视台打广告，却不愿意为员工涨薪支出几千万。企业家在分配稀缺资源时的偏向和顺序自然而然地就会让人联想到企业的价值倾向。

■ 分配报酬地位所遵从的标准

企业薪酬总盘子在一定时期是有限的，有限的薪酬如何在不同的部门、不同的层级、不同的人群之间进行分配？技术优先还是营销优先？一线人员优先还是机关人员优先？高中基层是相对均衡还是拉大差距等诸如此类问题，都需要企业家做出决策。

企业家关于薪酬分配的很多决策会直接影响员工的切身利益，是员工时时密切关注的，企业家在分配报酬和地位时所遵从的标准往往被员工认为代表着企业文化的方向。

中国企业的领导在分配薪酬时存在一个普遍的问题，即过于向高层倾斜，忽视中基层。导致这种现象的背后原因是，官本位意识作祟。官本位意识经常在企业价值分配时潜入企业家头脑里，不知不觉地替代企业倡导的主流文化，久而久之会瓦解企业价值创造的根基和核心竞争力。这是一种非常危险的情况！

熟练工人队伍为什么不稳定？

一家以代工为主的电子制造企业，在企业文化里明确指出制造能力以及构成制造能力的操作技术工人队伍是企业的最大财富，这些内容同样也被写进了企业的战略规划，这种理念非常符合世界制造和中国制造的特点，可以说这种理念是非常先进的。但是问题在于，尽管该企业一再强调制造能力的重要性，一再强调熟练产业工人队伍的重要性，但在涉及技术工人的工资福利问题时，却总不愿意给熟练工人涨工资，总不愿意采取领先同行的员工福利制度，对于因为缺少足够熟练操作人员而引发的居高不下的质量成本和制造成本问题视而不见。因为缺少足够薪酬福利的支持，该企业熟练操作员工队伍一直处于高流动状态，一年几乎流动一轮，两年以上的熟练操作员工非常少见，这种情况最后导致企业产品质量的长期不稳定，企业生产成本的长期居高不下。

优秀的服务人员为什么留不住?

另外一家服务企业，在企业文化里明确指出，服务是企业的核心竞争能力，但在涉及服务员的待遇时，却始终不愿意为优秀的服务人员支付更高的工资，不愿意把企业的资源更多地分配给服务队伍。最后的结果是，服务岗位人员成为高流动性人群，一位服务员在企业待的时间不到一年，老的服务人员凤毛麟角，最后的服务质量也就可想而知。各种各样的客户满意度调查都在显示客户满意度的持续下降。

一般而言，企业的核心能力常与核心价值相连，而核心能力和核心价值又往往与核心人才相连。**因为，只有核心人才才能够实现企业的核心价值和核心能力，而要留住核心人才，企业家必须在薪酬和地位上对他们给予倾斜。**

■ 对紧急事件和危机做出的反应

领导对于价值观的倡导在日常往往得不到足够的重视，但当企业处在紧急关头，企业领导的一举一动却会受到万众瞩目，此时便成为企业家宣扬及强化企业文化的最佳的时刻。

阿里巴巴是中国乃至世界最成功的电商之一，作为中国电商的旗帜，它之所以能够在众多的竞争对手中脱颖而出，其中重要原因之一是，阿里巴巴从成立之初就一直致力于打造一个诚信的电子交易环境，致力于解决电子交易中可能存在的诚信问题。正如阿里巴巴的创始人马云所说，诚信是电子商务的命脉，也是阿里巴巴六条核心价值观之首。2011 年，阿里巴巴出现了内部员工和部分供货商联合造假的事情，事情一经披露，马上引起广泛关注，一向倡导“诚信”的阿里巴巴却因“诚信”而成为公众质疑的对象。在这次危机中，作为阿里巴巴领导人的马云通过自己的反应再一次向世人表达了阿里巴巴坚定不移的文化信仰。

马云致员工的一封信

各位阿里人：

阿里巴巴从成立第一天起就从没以追逐利润为第一目标，我们决不想把公司变成一家仅仅是赚钱的机器。客户第一的价值观意味着我们宁愿没有增长，也决不能做损害客户利益的事，更不用提公然的欺骗。

过去的一个多月，我很痛苦，很纠结，很愤怒……

但这是我们成长中的痛苦，是我们发展中必须付出的代价，很痛！但是，我们别无选择！我们不是一家不会犯错误的公司，我们可能经常在未来判断上犯错误，但绝对不能犯原则妥协上的错误。

如果今天我们没有面对现实、勇于担当和刮骨疗伤的勇气，阿里将不再是阿里！

这个世界不需要再多一家互联网公司，也不需要再多一家会挣钱的公司；

这个世界需要的是一家更加开放、更加透明、更加分享、更加责任，也更为全球化的公司；

这个世界需要的是一家来自于社会，服务于社会，对未来社会敢于承担责任的公司；

这个世界需要的是一种文化，一种精神，一种信念，一种担当。因为只有这些才能让我们在艰苦的创业中走得更远，走得更好，走得更舒坦。

令人欣慰的是，这次调查中我们发现绝大多数同事面对诱惑坚守住了原则。我很欣慰，在他们身上我们看到了坚持诚信的勇气和原则的力量。成非凡之事者，必须有非凡之担当！

卫哲和李旭晖的辞职是公司巨大的损失，我非常难过和痛心。但我认为作为阿里人，他们敢于担当，愿意承担责任的行为非常值得钦佩。我代表公司，衷心感谢他们对公司付出的不懈努力和贡献。

马云 2011 年 2 月 21 日

为诚信而战的马云

美国《福布斯》在 2011 年 3 月下旬期刊的封面文章是标题为“为企业诚信而战的人”。文章是该刊记者采访阿里巴巴公司 CEO 马云（专栏）和若干高层的报道。文章称，在中国最大电子商务企业自曝欺诈丑闻后，马云在以零容忍态度整肃这股歪风。如图 4 – 3 所示。

图4－3　2011年3月下旬正式刊出的美国《福布斯》杂志封面

自丑闻爆出2周以来，这是在他赶走以欺诈或类似手法愚弄数千位外国商户的约100位销售人员后，首次接受媒体采访。这些人的罪恶是故意容忍欺诈性卖家，并将其认定为金牌供应商。而这类供应商在接受货款后，从未交付过很受欢迎的笔记本电脑和平板显示器类的消费电子产品。马云称，这些销售人员可能已怀疑这些供应商有问题，但他们仍与其签订合约。这是严重的诚信问题。

此次丑闻，的确是这家拥有B2B销售、消费者网络市场、电子支付和数据服务的网络综合服务商12年历史上的最大一次挫折。马云称，自己最初得知有欺诈顾客现象的消息，是来自JaneJiang 1月22日的电子邮件。JaneJiang是阿里巴巴的共同创始人之一，负责与公司信誉和安全休戚相关的B2B业务平台。她的消息让马云和其他数位高管震惊。

马云在得知消息后立即召集了公司高层会议。据他回忆，此次会议时间很长，做出了要认真对待并开始内部审查的决定。他当时考虑的问题是，若情况属实，接下来该如何办。这也是他创业生涯中最痛苦的时期。

阿里巴巴的各位董事在2月18日举行了视频电话会议，内部专项整治小组揭出了系统性问题。它对客户造成的损失虽不算很大，但涉及2300家网上销售店铺。更要命的是，这会形成不惜任何代价追求短期收益文化的风险。电子商务网站的高层必须为此承担责任。尽管网站的CEO和COO未涉及这类违法行为，马云在那周周末召见了他们。他感到，自己必须向两人发出保护企业信誉的信息。

马云在采访时称，阿里巴巴公司可能是中国唯一一家高层经理人员必须要对经营欺诈负责的企业。虽然有人认为他处理问题过了头，太激烈，但他相信中国需要如此的矫枉过正。

马云认为，中国需要的是应该能让世界信赖，把员工价值置于利润之上的企业。他称，公司未来10年的目标是帮助提升1000万家小企业在线经营能力，创造出1亿份新就业机会和服务全球的10亿消费者。希望改变世界，可能要有常人所说的硅谷精神。但这足以让阿里巴巴成为中国少有的一类企业。在不断出现腐败丑闻的国度内，公司自曝的丑闻也成了世俗者的谈资。

部分中国企业品牌深陷危机，例如一些玩具、宠物食品、石膏板墙等企业。佩优研究中心（PewResearch Center）2010年进行的一项调查结果表明，70%的美国人不信任从中国进口的处方药。

中国人同样也对部分中国企业信誉深感担忧。就在马云2月21日上午将其重要助手撤职时，他也从电视新闻了解到不相信内地奶粉安全的居民，纷纷赴香港抢购奶粉，致使当地奶粉售罄的消息。

马云相信，公司现在面对的最大障碍，是自己创建企业的价值处在衰败边缘，员工在更多地考虑自己，而不是消费者的利益得失。马云自责自己在金融危机高峰期内雇佣了5000名员工。他认为公司实际上不需要，甚至也无培训如此多员工的能力。批评者称，阿里巴巴同期做出的降价和引入众多所谓金牌供应商的决定，是在以牺牲严格验证程序为代价。

马云告诉记者，他曾对淘宝网前任CEO卫哲说过，他早应采取断然措施阻止弊端蔓延。他若早在6个月前就采取行动，那么也不会出现今日的离职问题。若他自己现在还不让人为此负责，那么全公司2.3万名员工在6个月后会把他解雇掉。

和马云处理危机的态度相反，中国很多企业领导在处理类似事件时却往往将企业价值追求置于一边，只为渡过眼前危机。

人事任免进出所遵从的标准

企业领导在企业中拥有人事任免大权，而按照何种原则、何种标准招募、遴选、提升和开除员工往往与企业领导所倡导的企业文化密切相关。**企业领导的每一次招募、遴选、提升和开除员工的决策都是企业领导向全体员工昭告企业文化的机会，聪明的领导者总是不会放过任何一个这样的机会，将人事决策的行使和企业文化的贯彻紧密结合。**

人事任命中的企业文化

《华为基本法》在人员提拔上主张“每个员工通过努力工作，以及在工作中增长的才干，都可能获得职务或任职资格的晋升。”任正非对于李一男的连续破格提拔就非常让人信服华为的这一文化。

1993年6月，李一男进入华为，并在华为创下了多个第一的神话：两天时间里，李一男升任华为工程师；两个星期后，因攻克一项技术难关，被破格聘为高级工程师；半年后，因成绩卓越，担任华为最重要的中央研究部副总经理；两年后，因在华为C&C08万门数字程控交换机的研制中功不可没，被提拔为华为中央研究部总裁以及华为总工程师；四年后，27岁的李一男被提拔为副总裁，李一男成为华为最年轻的副总裁。

和任正非一样，柳传志同样谙熟通过人事任命传达企业文化的重要性。1988年刚从清华校园硕士毕业走进社会的孙宏斌踌躇满志、意气风发。一个偶然的毛遂自荐使其加盟了正在创业时期的联想公司。因为孙宏斌朝气蓬勃又才华横溢，所以很快便得到了重用。而孙宏斌也用自己的实际行动证明了他不凡的才能。孙宏斌的能力是毋庸置疑的，但是他也有个突出的缺点就是浮躁轻狂。在联想，孙宏斌很快有了一帮铁杆弟兄，当时孙宏斌的哥们义气是不容置疑的，很快联想的老总柳传志就发现了问题，柳传志认为孙宏斌的宗派主义已经严重影响到了公司正常的发展。为此，柳传志找孙谈心，给他出了一道选择题：要么一个人留在联想，要么离开。

与任正非、柳传志相比，很多企业家在通过企业内部人事任命贯彻企业文化理念方面做得太过随意，有的因太爱惜人才而伤害企业文化理念；有的则因为亲情、友情等关系而伤害企业文化理念。人事任命对企业文化带来的影响还远远不止人事任命活动本身，合乎企业文化理念的人得到重用，其本身就会成为执行企业文化理念的样板；相反，一个不符合企业文化理念的人如果长期留在公司，就会给企业文化带来持久的负面影响和伤害；更进一步，让不符合企业文化理念的人得到重用，那样只会颠覆企业倡导的文化。

第五章 如何让理念变得有力

——政策与制度

第一节　理念和制度的冲突与制度审计

■ 理念借助制度获得力量

读过世界历史的人都知道，法国大革命是一次较为彻底的革命，对于法国甚至整个世界的影响都是非常巨大且深远的，《人权宣言》和《法国民法典》的颁布可谓是法国大革命的两个标志性成就。《人权宣言》第一次较为系统地阐述了新兴资产阶级的价值信仰，而《法国民法典》则把《人权宣言》中提出的价值信仰通过制度进行具体化，并借助制度的强制性在全法国得以推行。《人权宣言》和《法国民法典》两者相辅相成，从而使法国的资产阶级革命产生了广泛和深远的影响。这两者之间的关系非常贴切地反映了企业文化理念和企业制度之间的关系：理念依靠制度得以传播和落地，制度凭借理念获得认同和支持，理念是制度背后的精神，而制度是理念最重要的表现形式。如图 5－1 所示。

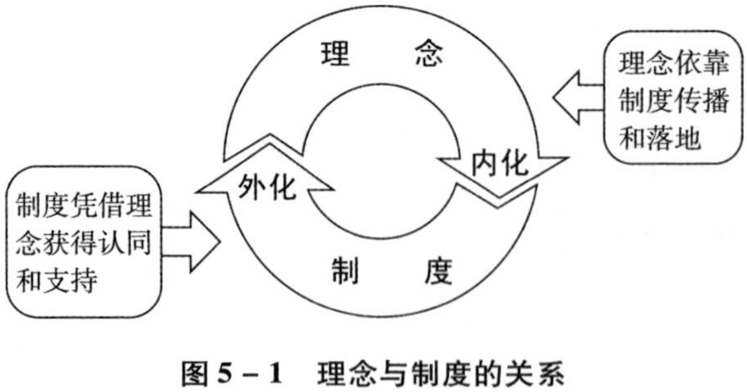

图 5－1　理念与制度的关系

理念与制度的融合典范——《人权宣言》与《法国民法典》

《人权宣言》全名为《人权和公民权宣言》，是法国大革命中的重要文献。1789 年 7 月 9 日，根据穆尼埃的建议，制宪会议起草《人权宣言》。8 月 26 日通过。如表 5 – 1 所示。

表 5 – 1 《人权宣言》全文

《人权宣言》
第一条：在权利方面，人们生来是而且始终是自由平等的。除了依据公共利益而出现的社会差别外，其他社会差别，一概不能成立
第二条：任何政治结合的目的都在于保护人的自然的和不可动摇的权利。这些权利即自由、财产、安全及反抗压迫
第三条：整个主权的本原，主要是寄托于国民。任何团体、任何个人都不得行使主权所未明白授予的权力
第四条：自由就是指有权从事一切无害于他人的行为。因此，各人的自然权利的行使，只以保证社会上其他成员能享有同样权利为限制。此等限制仅得由法律规定之
第五条：法律仅有权禁止有害于社会的行为。凡未经法律禁止的行为即不得受到妨碍，而且任何人都不得被迫从事法律所未规定的行为
第六条：法律是公共意识的表现。全国公民都有权亲身或经由其代表去参与法律的制定。法律对于所有的人，无论是施行保护或处罚都是一样的。在法律面前，所有的公民都是平等的，故他们都能平等地按其能力担任一切官职、公共职位和职务，除德行和才能上的差别外不得有其他差别
第七条：除非在法律所规定的情况下并按照法律所指示的手续，不得控告、逮捕或拘留任何人。凡动议、发布、执行或令人执行专断命令者应受处罚；但根据法律而被传唤或被扣押的公民应当立即服从；抗拒则构成犯罪
第八条：法律只应规定确实需要和显然不可少的刑罚，而且除非根据在犯法前已经制定和公布的且系依法施行的法律以外，不得处罚任何人
第九条：任何人在其未被宣告为犯罪以前应被推定为无罪，即使认为必须予以逮捕，但为扣留其人身所不需要的各种残酷行为都应受到法律的严厉制裁
第十条：意见的发表只要不扰乱法律所规定的公共秩序，任何人都不得因其意见、甚至信教的意见而遭受干涉
第十一条：自由传达思想和意见是人类最宝贵的权利之一，因此，各个公民都有言论、著述和出版的自由，但在法律所规定的情况下，应对滥用此项自由负担责任

续表

《人权宣言》
第十二条：人权的保障需要有武装的力量；因此，这种力量是为了全体的利益而不是为了此种力量的受任人的个人利益而设立的
第十三条：为了武装力量的维持和行政管理的支出，公共赋税就成为必不可少的；赋税应在全体公民之间按其能力作平等的分摊
第十四条：所有公民都有权亲身或由其代表来确定赋税的必要性，自由地加以认可，注意其用途，决定税额、税率、客体、征收方式和时期
第十五条：社会有权要求机关公务人员报告其工作
第十六条：凡个人权利无切实保障和分权未确立的社会，就没有宪法
第十七条：私人财产神圣不可侵犯，除非当合法认定的公共需要所显然必需时，且在公平而预先赔偿的条件下，任何人的财产不得受到剥夺

《法国民法典》是法国大革命的产物，是“人权宣言”在法律形式上的体现。《法国民法典》的立法原则就是《人权宣言》的核心理念，即：自由和平等原则、所有权原则、契约自治原则。

①自由和平等原则。该法典包括两条基本的规定。第 8 条规定：“所有法国人都享有民事权利。”民事权利是指非政治性权利，包括关于个人的权利、亲属的权利和财产的权利。第 488 条规定：满 21 岁为成年（1974 年改为 18 岁），到达此年龄后，除结婚章规定的例外外，有能力做出一切民事生活上的行为。这就是说，在原则上，每个人从成年之日起，都享有平等的民事行为能力，虽然关于这种能力的享有在法律上定有某些限制。

②所有权原则。法典第 544～546 条给予动产和不动产所有人以充分、广泛的权利和保障。所有权的定义是“对于物有绝对无限制地使用、收益及处分的权利”。国家征收私人财产只能根据公益的理由，并以给予所有人以公正和事先的补偿为条件。不论是动产或不

动产的所有人，都有权得到该财产所生产以及添附于该财产的一切物。这一规定使资产阶级的生产资料可以自由地使用、收益和出售，同时农民的私有土地也得到了保障。该法典还规定了对他人财产的用益物权和地役权，这对小农经济是重要的。

③契约自治原则，或称契约自由原则。第1134条中："依法成立的契约，在缔结契约的当事人间有相当于法律的效力。"除非该契约违反了该法典第6条所说的公共秩序或善良风俗，才不具有法律效力。契约是两个或两个以上的意思表示的一致，其目的在于产生某种法律上的效果，或者将所有权从一人移转于他人，或者产生某些债务，或者解除当事人先前缔结的债务，或者只是改变已经存在的一些约定。该法典赋予两个或两个以上个人的意思表示的一致以等于法律的效力，来使他们以自己的行为产生相互间的权利义务，从而改变其原有的法律地位。所以，契约自治，也称为当事人意思自治。契约一经合法成立，当事人必须按照约定，善意履行，非经共同同意，不得修改或废除。契约当事人的财产，甚至人身（该法典原来规定了对违约债务人的民事拘留），都作为履行契约的保证。基于这些观念，立法者作出了一系列规定：契约义务的强制履行、不履行的损害赔偿、履行迟延、债务人的破产程序等。

■ 警惕制度与理念的对抗

中国企业的管理提升过程存在两个带有明显特点的时期。

一个时期是20世纪80－90年代，以大量引进国外企业的内部管理制度为标志。当时中国很多企业都在加强内部制度建设，直接移植国外企业现成的管理制度成为一种时尚。一家企业当时竟然在内部建立了500多万字的内部制度体系，成册出版嫌用着不方便，于是就刻成光盘，以至于企业中没有人能够说得清到底有多少制度，效果当然也可想而知。很多企业的制度汇编仅仅成为领导书架上的漂亮装饰。

另一个时期是近两年，以大量引进国外企业的管理理念为标志。几乎所有的企业都在开展企业文化建设，所有的领导张口闭口在谈企业文化，公开发表的企业文化理念体系成为企业间相互宣传的另一种时尚的形式。很多企业的理念体系只不过是一篇漂亮的文章而已，不但外部不认同，即使是内部员工也不以为然，花了大量钱财邀请专家起草的企业文化理念体系成为企业家书架上的又一种漂亮装饰。

无论是上世纪的引进制度还是当前的引进理念，应该都是中国企业提升管理的机会，为什么这两次管理经验引进，对国内企业都未能够起到管理提升的预期效果?

早期引进国外企业的先进管理制度，由于大部分企业当时管理理念的落后，导致很多先进的制度在中国水土不服，于是被进行本土化改造，但是新建立的企业制度体系只不过是新瓶装老酒而已。当时中国企业中很少有企业家意识到引进制度体系本土化所存在的潜在危险，华为是少数例外之一。华为公司的任正非在引进国外先进的制度流程时意识到盲目本土化的危险，提出“先僵化、再优化、再固化”的引进原则，但大部分企业却在没有认真体会引进制度背后的先进理念之前，就将最重要的内容“优化”消失了。

近些年，企业已经认识到理念的重要性。很多企业在引进国外先进理念的过程中，对原有的文化理念进行了较为深刻的反思，很多企业家从内心里感觉到原有理念的落后，对引进国外先进理念的必要性和紧迫性都非常认同，但出现囫囵吞枣与急于求成的情况：聘请专家教授研究世界最卓越的公司、最长寿的公司、最有竞争力的企业的管理理念，并在自己的公司中大力倡导与推进。但是，企业家却忽略了另一问题，即这些先进理念背后的制度支撑是否存在、合理。由于缺少必要的制度支撑，甚至现行制度与引进理念相互冲突，导致很多优秀的理念无法在经营管理中发挥作用。

创新理念与政府 GDP 考核制度的矛盾

我们国家一方面倡导政府官员要具有创新意识，要打造创新型政府和创新型社会；另一方面，对政府和政府官员推行以 GDP 为主的政绩考核制度。实际上，创新理念和 GDP 为主的考核本身就是矛盾的。创新本身是有风险的，是有很大失败可能性的，而且，创新的成效往往不会在当期显现出来，需要跨越几年，甚至官员的几个任期。而以 GDP 为主的政绩考核，关注的是政府官员任期内的短期业绩，两者从某种程度上是很难调和的。作为追求连任和上进的政府官员来讲，理性的行为选择肯定是舍创新而选 GDP。所以，只要以 GDP 为主的业绩考核制度不变，创新型政府基本无从谈起。

团队协作理念与强制分布考核制度的矛盾

某移动通信公司在企业文化理念上大力倡导“团队合作”，倡导同事之间、上下级之间、部门与部门之间的通力合作，但是在公司内新建立的制度中提出了强制性“正态分布”的制度和“末位淘汰”制度。据说该制度是一家全球知名的人力资源方面的管理咨询公司为之导入的，是从美国GE公司学来的，是杰克·韦尔奇极力倡导的。该制度规定：每一个考核周期中，一个部门不论整体业绩如何，必须有20%的优秀，75%的合格，5%的不合格，其中5%的不合格要降级使用，连续两次不合格要做开除处理。该制度出台后，该公司原本就有的团队合作的优良传统开始被员工集体抛弃，以往常见的同事间的合作互助现象逐渐绝迹。员工有他们自己的一套理由：既然是强制性正态分布和末位淘汰，那么就意味着在我和我的同事之间存在着竞争关系。我的同事如果是优，我获得优的可能性就大大减少，而获得不合格的机会就大大增加；相反，如果我的同事是不合格，我获得优的机会就会大大增加，获得不合格的机会就会大大减少。所以我非常希望我的同事的考核结果是不合格，而不是优秀。所以为了使我的考核结果成为优，我不是选择帮助我的同事，相反，而是选择不帮，甚至选择破坏同事做好事情。

目前，与上述案例类似的情况在中国企业文化建设过程中大量存在，如果无法避免企业所倡导的理念和现实制度之间的冲突，企业文化理念就很难落地，企业希望营造的文化氛围就不会出现。

■ 通过制度审计理顺关系

如果要及时发现制度与理念的冲突，则需要对企业的制度体系定期进行文化审计。所谓制度的文化审计，即对制度进行文化意义上的透视，通过摒除制度的细枝末节而透视制度深层的灵魂以及制度背后的立法精神，并将其与企业的文化理念相对比，如果发现不符的情况，特别是相互矛盾的情况，及时以文化理念为灵魂进行修订，或停止与文化理念相矛盾的制度的运行。

企业管理制度的文化匹配性审查一般采取“文化”和“制度”两条线路并进的技术方法。两条线路中，文化线路先行。

文化线路审计示，如图 5－2 所示。

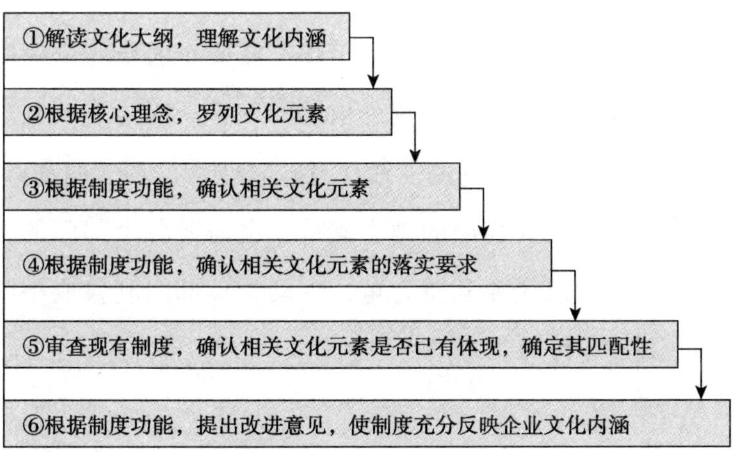

图 5－2　文化线图审计示意图

制度线路审计，如图5－3所示。

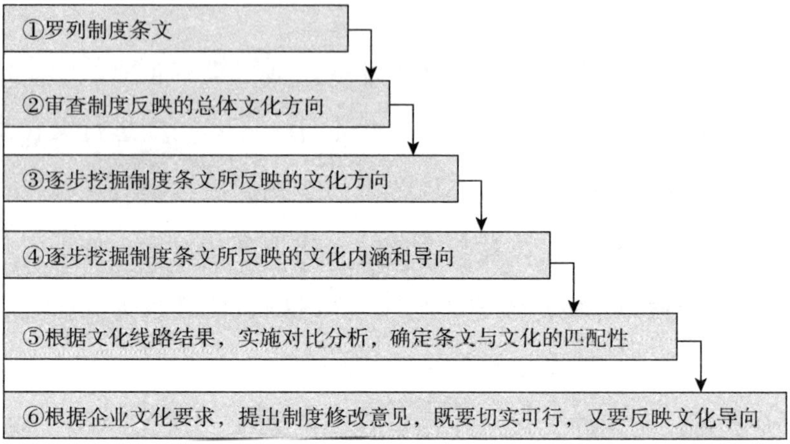

图5－3　制度线图审计示意图

制度审计不是仅对一两项制度的审计，而是对企业整个制度体系的审计，是一项工作量非常大的工作，需要企业全体部门的共同参与；同时制度审计也是一项较为敏感的工作。因为一项制度往往意味着一种利益格局，改动制度往往意味着改动已形成的利益格局。所以，制度审计既需要高层的鼎力支持，也需要各个部门的高度自觉，大家必须自觉以企业利益为重，主动放弃部门利益或小团体利益，否则，制度审计将很难进行下去。

第二节　基于理念的制度设计与创新

■ 制度设计需要大智慧

制度审计是对已有的制度进行审查，毕竟是有据可查的，相对来说比较容易。相对于制度审计来说，制度设计是一种从无到有的工作，是一项更需要智慧、更具有挑战性的工作。

相对于制度审计而言，制度设计对于文化理念落地的作用也许更大。因为制度审计只能够发现无效的制度，只能清除文化落地道路上的种种障碍，却不能保证找到有效的制度，不能给文化落地提供正向动力，但制度设计却可以。制度设计是直接根据理念的需要设计制度，更加有的放矢，更能保证制度的有效性。

好的制度设计往往是企业文化建设的关键成功因素。

很多企业都提出过打造“利益共同体、事业共同体、命运共同体”的文化理念，但真正实现的却不多，原因在于在制度层面缺少关键的创新，而稻盛和夫领导的京瓷却能够做到，其中他提出的“三分利法”居功至伟。

京瓷的“命运共同体”理念与“三分利法”

京瓷的战斗力，来自它的数万员工，他们都把企业视为一个“命运共同体”。为实现这一理念，在企业的利润分配上，稻盛和夫提出的是“三分”主张——税前毛利，要按国家税金、企业积累、员工收入这三个部分来分配，这就是著名的**“三分利法”**。在稻盛和夫的概念里，企业首先是员工的企业，其次才是股东的企业。稻盛和夫说：“公司并不是经营者个人追求梦想的地方，无论现在还是将来，公司永远是保障员工生活的地方”。

很多企业都在提“创新”的文化理念，但真正能够把自己打造成创新性企业的却为数不多，而3M公司之所以能够成为全球企业创新的典范，关键不在于其创新理念的提法，而在于其在落实“创新”理念方面所进行的一系列制度创新。

3M公司有关创新的制度

3M公司可谓是创新的典范，这家原本是采矿为主的企业，到今天却成为拥有近六万多种产品的企业。3M公司的产品涵盖了投影仪、道路反光漆、记事贴、补牙材料、室内踏垫等众多领域。3M公司的创新之所以与众不同除了他们的理念外，更为重要的是3M公司内部保证创新实现的系列制度。3M有著名的**“15%规则”**，公司规定每个技术人员最多可用15%的工作时间“干私活”，做个人感兴趣的工作方案，不管方案是否直接有利于公司。当一个人产生一个有希望的构想时，公司组织开发者、营销、生产、法律相关部门组成的风险小组帮助其实现。为了确保员工的创意不被扼杀，3M公司特别设立**“创意大奖”**，旨在为那些被正常报批程序判死刑的创意提供第二次机会。

制度设计要靠自己人

制度设计的首要前提是精准地理解企业的文化理念。一个企业的文化理念对外部人士而言，一般很难仅从字面上就能够参透其中的关键内涵。很多时候同样的价值理念表达置于不同的企业中所关注的重点是不一样的，例如“诚信”，有的企业可能关注点在于“诚”，即诚心诚意，真诚实在，心口如一方面；而有的企业关注点在于“信”，即信守承诺，言必行，行必果，言行如一方面。再如“务实”，有的企业关注点可能在于遵守客观规律，实事求是，不主观臆断；而有的企业关注点可能在于工作踏实，不浮躁，不搞形式主义等。

其次，制度设计需充分熟悉企业的业务特点和队伍特质，不同的业务运营和队伍管理的关键点是不一样的，企业文化理念必须在业务运营和队伍管理的关键环节找到制度支撑才能够保证其有效落地。

基于上述两个基本要求，制度设计工作一般很难从外部找到合适的人选，鉴于企业内部人对自身文化理念的精准把握，对自身业务和队伍的充分了解，选择企业内部人几乎是不二选择。

制度设计虽然不容易从外部找到现成的答案，但是外部优秀企业制度设计的成功经验却能够给予正在进行制度设计的管理者思路以及方向上的启示，所以制度设计前充分研究标杆企业的制度创新案例仍是非常必要的。

第三节　业务政策制度的设计与创新

供应政策制度的设计与创新

原材料或服务的采购和供应是企业日常经营活动的第一关，采购何种产品和服务、以何种标准采购、与何种类型供应商合作、采取何种价格策略等，都需要企业在政策和制度上做出规定，而不同的理念则会导致不同的政策和制度倾向。

例如，在企业如何与供应商建立合作关系方面，不少企业坚持共赢理念，并希望与供应商建立长期战略合作关系。但这一理念在现实中缺乏相应的政策制度保障，在采购过程中仍习惯性地追求低价采购，更有企业甚至直接确定最低价中标的采购政策，这都会导致共赢理念难以落地。东阿阿胶是一家长期坚持全价值链共赢的企业，多年来在供应政策制度方面进行了诸多有效探索。

东阿阿胶对上游的系列涵养政策

阿胶以驴皮制成，驴皮的质量和数量决定了东阿阿胶产品的质量以及企业的产量，东阿阿胶深刻认识到这一点，并在企业文化中提出了与上游养驴户、皮货商等建立合作共赢的伙伴关系的理念。在制度政策层面，东阿阿胶结合自身的特点先后提出了**合理定价政策**，不追求收购中的最低价格，主动给上游留下一定利润空间；**技术输出政策**，通过建立养驴基地为上游提供种驴和技术指导，帮助农民成为养驴方面的专业人士；**子女安排政策**，为达到一定规模、一定年限的上游合作伙伴的子女提供在东阿阿胶就业的机会；**以肉谋皮政策**，为帮助养驴户发家致富，不但收购养驴户的驴皮，还帮助养驴户以理想的价格卖掉驴肉，卖不掉的就自己收购，开发成驴肉制品。

■ 研发制度流程的设计与创新

研发是一个复杂的过程，如何保证研发的成功始终是企业面临的重大挑战。企业文化中的很多理念是关于如何进行正确研发的，例如“客户导向”理念、“大胆创新”理念等，但仅仅拥有理念还不够，同时必须将这些理念变成更具指导操作意义的政策与制度。

（一）客户导向文化与制度

研发必须以客户为中心，围绕客户需求进行研发，只有这样，研发的成果才有可能得到市场的认同，这几乎已成为社会的普遍共识，但真正做到的少之又少。华为技术公司是本土企业在研发方面成功贯彻客户导向的典范，华为之所以能够成功，关键在于其以客户为导向的 IPD 研发流程。

华为的 IPD 研发流程

华为在整个企业内部改革中，最重要的两个项目：一个是 ISC

集成供应链，另外一个就是 IPD 研发流程。用任正非的话讲，这两项改革关系到华为的生死存亡。IPD 强调以市场需求作为产品开发的驱动力，将产品开发作为一项投资来管理。IPD 的核心是流程重整和产品重整两个方面：流程重整专注于重整产品开发流程，产品重整专注于异步开发和共用基础模块的重用。IPD 通过分析客户需求，优化投资组合，保证产品投资的有效性；通过应用结构化流程，采用规范化的项目管理与管道管理方法，保证产品开发过程的顺利进行；通过建设并使用共用基础模块，采用异步开发模式缩短开发的时间，降低综合成本；通过建立跨部门的产品管理与开发团队，并辅以有效的考评体系来保证整个产品开发有效地进行。如图 5－4 所示。

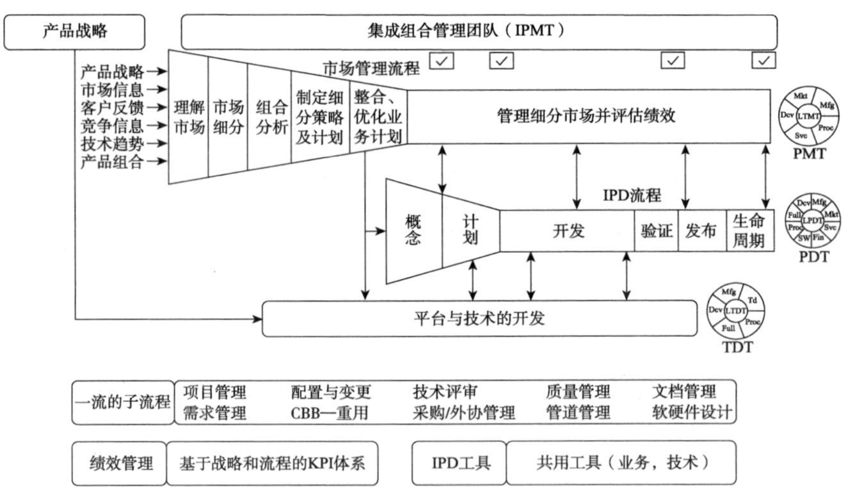

图 5－4　华为 IPD 整体框架

（二）创新文化与制度

研发部门是最需要具有创新精神的部门，是否拥有浓郁的创新文化几乎决定了研发部门可能取得成就的高低，所有的企业都意识到了这一点，但仍然只有少数企业能够真正建立起创新文化。其中3M和惠普公司是卓越的典范，他们不仅理念响亮，制度也更具特色。

惠普公司鼓励创新的系列制度

惠普的核心理念之一是“鼓励灵活性和创新精神”，为了给员工创造一个轻松的创新氛围，公司实行**“实验室开放制度”**。工程师们为了做实验，可以自由出入实验室，可以任意将备用品拿回家中使用，而且备用品库门一直开放。更有特色的是惠普公司的**退休制度设计**，为了避免压制新生力量成长，保持创新的激情，公司规定员工到了60岁时，如果退休，除了退休费，还可以拿到一笔额外的奖金；但是如果多做一年，奖金就会少掉10%；如果坚持做到65岁，这个奖金就没有了，所以大多数高级主管都会及时退休。

■ 生产制度标准的设计与创新

除个别纯研发或纯销售型企业，生产过程是大部分企业必不可少的基本过程，而且是不少企业从业人员最多的环节。生产过程不但涉及参与人员的安全、舒适感受，还影响着企业最终输出的产品或服务的质量、成本等诸多问题。所以，企业生产方面的制度标准对于企业文化理念落地极为重要。

（一）安全理念与安全制度

当前“安全文化”成为中国很多企业提得较响的概念，他们提出了“安全为天”“安全第一”的口号，但至今仍是安全事故频发，安全隐患难以根除。然而，以生产炸药起家的杜邦公司却能够在200年中保持着骄人的安全纪录。

杜邦公司的安全制度

有着200年历史的杜邦公司一直保持着骄人的安全记录，其著名的安全理念“凡是工业意外均可避免”，就被杜邦完全落实到规章中去。以细致入微的管理和坚定不移地执行，最终实现安全事故率比工业平均值低10倍的目标。为了安全，在杜邦的工作场所里，要求员工不能在公司内跑动；上下电梯时一定要扶好扶手；每次开完抽屉要及时关好，最好一次只开一个抽屉；笔尖不能朝上放置。杜邦的工厂门卫有严格的登记制度，大门到厂房门口有人行道，行人如果离开人行道，必须戴好安全帽。这些**安全规范**具体而可操作，并且有机制确保其实施。在工程施工过程中，杜邦公司对施工的设备都有特殊硬件配置要求，经业主工程师批准后的施工方案，在施工中必须严格执行。杜邦公司在整个工地共配置了专职安全经理、专职安全助理十几人，专门检查违章违纪，包括落实施工方案的实施。对违反施工方案者，都会给予处罚。没有得到认可的任何图纸及其工艺的修改都被认为是违背合同。严格的执行意识让杜邦超过60%的工厂实现了“0”伤害率，杜邦每年因此而减少了数百万美元的支出。

（二）质量理念与质量标准

对于如今的企业而言，质量已不再是竞争的关键了。企业产品质量不达标，就意味着连市场的准入门槛都无法进入。优秀企业的质量文化之所以能够深入贯彻，因为大都制定了严格苛刻的质量标准。

通用电气的6西格玛质量管理制度

通用电气是质量文化的典型代表，它的质量理念“视质量管理为生命”，推动了内部永久的质量管理革命。通用电气并非是6西格玛质量管理的始作俑者，但其应用却是最成功的。1西格玛表示68%的产品合格率，3西格玛表示99.7%的合格率，较好的美国公司可以达到3.5西格玛，通用推行六个西格玛的水平，即99.99966%的合格率，每百万次操作只有3.4个失误，几乎是极限的标准。

通用电气从修改和检测产品转为修改生产过程，确保产品生产出来就完美无瑕。规定所有新员工都必须在限期内通过质量管理知识的基本考核，不能通过考核的员工将会被辞退。除此之外，通用电气还有负责项目推行的专员和对员工进行培训的管理专家。同时，各部门的负责人还得在其部门内推行质量管理项目。通用电气是庞大的集团，如果各部门在质量管理上各自为政，势必会造成大量的资源浪费。为了解决这个问题，通用电气建立了一个全球化的信息中心。各个质量管理项目在启动之前，都要提交审批。信息中心的专员和管理专家会根据提交的资料仔细审核：比较一下是否已经有同类的项目，项目设计是否具备足够的价值，项目中计划应用的方法是否合理，从而保证质量管理项目本身的高质量。

东阿阿胶的质量标准

20 世纪 70 年代末，东阿阿胶的生产方式和管理水平还处于“原始社会”。铁杈、大铲、大铁锅、烟雾缭绕的生产，检验质量要靠眼观、鼻闻和口尝，企业制度标准不健全，生产操作不规范。时代的发展给这种原始落后的生产方式加小农经济式的管理敲响了警钟。东阿阿胶果断地确立了质量效益型的发展道路，将“以质量求生存”写入了企业方针，把质量当成企业生产经营的主旋律来抓，打响了一场质量翻身、质量升级的持久战。

追求产品质量标准现代化成了首要任务，阿胶和其他传统中药一样，从感观试药沿袭而来，定性要求多，定量标准少。在《中国药典》中有关阿胶的质量标准也仅有“灰分、水分、砷盐、重金属”等 7 项环境指标。这些指标只能保证患者服用阿胶之后不至于中毒，根本不能保证阿胶的有效成分含量。从 20 世纪 80 年代初起，公司组织专业技术力量，联合医疗科研单位，利用国际先进仪器开展了长期系统的阿胶质量标准研究，对阿胶与灰分、阿胶与水分、阿胶氨基酸和分子量等一系列课题进行了测试和探索。在此基础上，制定了15项国家药典上没有的质量标准。由东阿阿胶制定的一些阿胶质量标准还被国家中医药管理局列为全国阿胶优等产品标准。对《中国药典》及有关标准上已有的质量检测指标，他们从严控制。以控制阿胶中的有害物质重金属、砷盐为例，药典规定分别小于百万分之三十和百万分之三，公司规定必须小于百万分之十和百万分之一，比药典严了3倍。为了确保阿胶质量达标，他们编写了25万字的全国第一部阿胶生产工艺流程，彻底结束了阿胶生产凭经验操作，靠感观试药的落后局面。在生产原料——驴皮日趋紧张的情况下，他们一直坚持进厂驴皮逐张挑选，不让一张劣质驴皮入库；在生产车间推行质量否决权，实行优质优酬，使质量同每一个职工的工资、奖金、晋级、评模等实实在在的利益挂在一起；连续生产不合格品的员工要被辞退。

销售与售后政策制度的设计与创新

销售和售后服务是直接面向客户的环节，企业销售和售后方面的政策与制度会直接影响到客户对于企业文化的认知程度，企业必须做到实际执行的销售和售后政策与制度符合自身文化理念，才能够向外部传递自己的文化。

服务客户是不少企业坚持的价值观，但如何在营销环节贯彻，如何为客户创造价值，不同企业会以不同的制度政策设计来体现这一理念。

沃尔玛公司的无条件退款制度

走入沃尔玛超市，顾客首先看到的是非常醒目的标语："追求顾客满意"，这是沃尔玛的服务理念。为了让客户满意，沃尔玛在每个环节都以客户利益为先。公司的**"无条件退款"制度**规定顾客只要从沃尔玛购买的商品，无需任何理由，甚至没有收据，沃尔玛都无条件受理退货。公司特别**为前台设立"委屈奖"**，奖励那些能够担当的员工，要求员工面对顾客，要做到打不还手骂不还口，否则就会受到处分。

居然之家的《先行赔付实施办法》

先行赔付是指居然之家对市场内商家的经营活动承担连带责任，当消费者在居然之家的消费出现质量或服务问题时，可以要求居然之家先向其进行赔付。

一、"先行赔付"的条件

（一）顾客需提供加盖"北京居然之家家居市场合同认证章"的"工程保修卡"或"售后服务专用章"的有效合同、购物小票或销售发票：

1. 属于产品质量方面的问题，其期限必须在国家、行业或居然之家承诺的"三包"有效期内。其中家具的"三包"有效期按照《北京市家具产品修理、更换、退货责任规定》执行，期限为一年；装饰材料的"三包"有效期国家、行业有规定的，按国家、行业的规定执行，国家或行业没有规定的，按居然之家承诺的一年期限执行；装饰装修服务的保修期按建设部《住宅室内装饰装修管理办法》规定执行，保修期为两年；有防水要求的厨房、卫生间和外墙面的防渗漏保修期为五年。

2. 属于服务或其他方面的问题，其期限按合同约定或居然之家的公开承诺执行。

（二）经居然之家或国家有关质检部门鉴定，确认商家提供的商品质量或服务存在问题。

二、“先行赔付”的程序

当确定商家提供的商品质量或服务存在问题时，由居然之家与消费者就赔付问题进行协商：

（一）消费者接受居然之家的处理意见，由居然之家直接向消费者进行赔付。

（二）消费者不接受居然之家的处理意见，消费者可以到北京市消费者协会申请调解赔付，居然之家在北京市消费者协会设立200万元“先行赔付保证金”用于先行赔付保障；消费者也可以向人民法院提起诉讼或向北京市仲裁委员会提请仲裁，居然之家根据人民法院的裁定结果或北京市仲裁委员会的仲裁意见向消费者进行赔付。

三、“先行赔付”的范围

“先行赔付”的范围包括直接损失和间接损失，其中间接损失以国家有关法律、法规的规定为准。

四、“先行赔付”的方式

“先行赔付”的方式包括免费修理、换货、退货以及对不能维修的实行现金补偿，具体方式按产品的“三包”规定及国家有关法律法规执行。

第四节　财务和组织制度的设计与创新

■ 财务制度的设计与创新

财务政策与制度对于企业资源的配置方向有着直接的重大影响，不同的财务政策与制度意味着企业资源的不同配置倾向，资源的流向会向企业员工传递强烈的价值信号，员工会自觉不自觉地从企业的资源流向的角度解读和理解企业文化导向。

绩效理念是大多数财务部门都接受的理念，但绩效理念如何变成财务政策与制度呢？看看江苏移动的实践。

江苏移动的绩效理念与“红黄绿”财务控制制度

一家知名移动通信公司提出“内部管理以财务为中心”，并在财务意识较为薄弱的营销环节推行财务控制“红黄绿”制度，绿线是省公司下达的毛利率计划值，黄线是毛利率为零，红线表示边际贡献率为零。公司提出，各地市公司可对资费套餐进行组合，但必须考虑营销环节的投入产出比，时刻关注企业的效益，因此必须以边际贡献和毛利率指标为衡量标准，杜绝边际贡献为负的方案，慎重出台毛利率为负的方案。如果下属公司推出的方案在绿线控制范围内，则拥有充分的营销自主权，无需上报省公司；如果方案处于黄线和绿线控制范围内，则需上报备案；如果方案处于黄线和红线控制范围内，则必须上报省公司批准后执行。经过这一举措的全面推行，员工加强了投入产出分析的意识，每一个环节，每一项工作都先拿财务标尺量一量，在确保效益的前提下增强了市场反应速度。

创新理念也必须得到财务制度和政策的支持，才能够保证拥有足够的资源投入，华为在创新方面的成就和华为财务上的持续投入密切相关。

华为的创新理念与每年销售收入10%投入研发的制度

华为公司已经成为全球年申请专利最多的企业，其研发创新成就有目共睹。华为之所以在研发方面能够取得如此卓尔不群的成就，除了前面所讲的以客户为导向的IPD流程等创新性制度政策外，还有一项重要的财务政策，就是华为坚持每年拿出销售收入的10%投入研发。这项政策已经持续了很多年，是中国企业中投入比例最高、执行得最好的企业。财务上的持续投入免除了研发方面的后顾之忧，为众多的研发项目和研发队伍提供了源源不断的研发动力。

组织制度的设计与创新

企业的岗位设置、责权分配、信息交流等组织政策与制度直接影响着企业全体员工的日常工作，也影响着企业文化理念的落实。很多过去以技术为中心的组织面临着树立“以客户为中心”的文化重任，但真正建立“以客户为中心”的文化不仅仅是喊几句漂亮的口号、提几个新颖的理念就能实现，而必须在组织层面做出不同于以往的制度性安排。

华为的以客户为中心的文化与组织铁三角

我们从以技术为中心，向以客户为中心的转移过程中，如何调整好组织，始终是一个很难的题目。刚开始我（任正非）的认识也是有局限性的。我在EMT（经营管理团队）会上讲了话，要缩短流程，提高效率，减少协调，使公司实现有效增长，以及现金流的自我循环。但提出的措施，确实有一些问题，单纯的强调精简机关，压缩人员，简化流程，遭到一部分EMT成员的反对。他们认为机关干部和员工压到一线后，会增加一线的负担，增加了成本，并帮不了什么忙。机关干部下去以总部自居，反而干预了正常的基层工作。后来我听取一些中层干部的反映，他们认为组织流程变革要倒着来，从一线往回梳理，平台（支撑部门和管理部门，包括片区、地区部及代表处的支撑和管理部门）只是为了满足前线作战部队的需要而设置的，并不是越多越好、越大越好、越全越好。要减少平台部门，减轻协调量，精减平台人员，自然效率就会提高。这样EMT决议还未出笼就被反了一个方向。但如何去实现这一点呢？问题仍然摆在前面。这次访问利比亚时，听取了北非地区部的汇报，有了一些启发。

北非地区部努力做厚客户界面，以客户经理、解决方案专家、交付专家组成的工作小组，形成面向客户的“铁三角”作战单元，有效地提升了客户的信任，较深地理解了客户需求，关注良好有效的交付和及时的回款。

铁三角的精髓是为了目标，打破功能壁垒，形成以项目为中心的团队运作模式。公司业务开展的各领域、各环节，都会存在铁三角，三角只是形象说法，不是简单理解为三角，四角、五角甚至更多也是可能的。这给下一阶段组织整改提供了很好的思路和借鉴，公司主要的资源要用在找目标、找机会，并将机会转化成结果上。我们后方配备的先进设备、优质资源，应该在前线一发现目标和机会时就能及时发挥作用，提供有效的支持，而不是拥有资源的人来指挥战争、拥兵自重。

谁来呼唤炮火，应该让听得见炮声的人来决策。而现在我们恰好是反过来的。机关不了解前线，但拥有太多的权力与资源，为了控制运营的风险，自然而然的设置了许多流程控制点，而且不愿意授权。过多的流程控制点，会降低运行效率，增加运作成本，滋生官僚主义及教条主义。当然，因内控需要而设置合理的流程控制点是必需的。去年公司提出将指挥所（执行及部分决策）放到听得到炮响的地方去，已经有了变化，计划预算开始以地区部、产品线为基础，已经迈出可喜的一步，但还不够。北非地区部给我们提供了一条思路，就是把决策权根据授权规则授给一线团队，后方起保障作用。这样我们的流程优化的方法就和过去不同了，流程梳理和优化要倒过来做，就是以需求确定目的，以目的驱使保证，一切为前线着想，就会共同努力地控制有效流程点的设置。从而精简不必要的流程，精简不必要的人员，提高运行效率，为长期生存打好基础。

用一个形象的术语来描述，我们过去的组织和运作机制是“推”的机制，现在我们要将其逐步转换到“拉”的机制上去，或者说，是“推”、“拉”结合、以“拉”为主的机制。推的时候，是中央权威的强大发动机在推，一些无用的流程，不出功的岗位，是看不清的。拉的时候，看到哪一根绳子不受力，就将它剪去，连在这根绳子上的部门及人员，一并减去，组织效率就会有较大的提高。我们进一步的改革，就是前端组织的技能要变成全能的，但并非意味着组织要去设各种功能的部门。基层作战单元在授权范围内，有权力直接呼唤炮火（指在项目管理上，依据IBM的顾问提供的条款、签约、价格三个授权文件，以毛利及现金流进行授权，在授权范围内直接指挥炮火，超越授权要按程序审批），当然炮火也是有成本的，谁呼唤了炮火，谁就要承担呼唤的责任和炮火的成本。后方变成系统支持力量，必须及时、有效地提供支持与服务，以及分析监控。公司机关不要轻言总部，机关不代表总部，更不代表公司，机关是后方，必须对前方支持与服务，不能颐指气使。

公司的最高决策机构是EMT会议，EMT成员只是在会议结束后，推动决议的执行，他们叫首长负责制，也不能自称总部。机关干部和员工更不能以总部自称，发号施令，更不能要求前方的每一个小动作都必须向机关报告或经机关批准，否则，机关就会越做越大，越来越官僚。一线的作战，要从客户经理的单兵作战转变为小团队作战，而且客户经理要加强营销四要素（客户关系、解决方案、融资和回款条件以及交付）的综合能力，要提高做生意的能力；解决方案专家要一专多能，对自己不熟悉的专业领域要打通求助的渠道；交付专家要具备与客户清楚沟通工程与服务解决方案的能力，同时对后台的可承诺能力和交付流程的各个环节了如指掌。其他非主业务的人员，要加强对主业务的了解，了解达不到一定深度的，不能成为管理干部及骨干，没有这种经历的，要去补好这一课。

以美军在阿富汗的特种部队来举例。以前前线的连长指挥不了炮兵，要报告师部请求支援，师部下命令炮兵才开炸。现在系统的支持力量超强，前端功能全面，授权明确，特种战士一个通讯呼叫，飞机就开炸，炮兵就开打。前线3人一组，包括一名信息情报专家，一名火力炸弹专家，一名战斗专家。他们互相了解一点对方的领域，紧急救援、包扎等都经过训练。当发现目标后，信息专家利用先进的卫星工具等确定敌人的集群、目标、方向、装备……炸弹专家配置炸弹、火力，计算出必要的作战方式，其按授权许可度，用通信呼唤炮火，完全消灭敌人。美军作战小组的授权是以作战规模来定位的，例如：5000万美元，在授权范围内，后方根据前方命令就及时提供炮火支援。我们公司将以毛利、现金流，对基层作战单元授权，在授权范围内，甚至不需要代表处批准就可以执行。军队是消灭敌人，我们就是获取利润。铁三角对准的是客户，目的是利润。铁三角的目的是实现利润，否则所有这些管理活动是没有主心骨、没有灵魂的。当然，不同的地方、不同的时间，授权是需要定期维护的，但授权管理的程序与规则，是不轻易变化的。

我公司正面临流程与组织整改的时机。我们已明确变革要以作战需求为中心，后方平台（包括设在前线的非直接作战部队）要及时、准确满足前线的需求。我们机构设置的目的，就是为作战，作战的目的，是为了取得利润。平台的客户就是前方作战部队，作战部队不需要的，就是多余的。后方平台是以支持前方为中心，按需要多少支持，来设立相应的组织，而且要提高后方业务的综合度，减少平台部门设置，减少内部协调，及时准确地服务前方。

前方要准确清晰地提出并输入需求，后方要能清楚准确地理解前方的需求，按需求提供支持。只要前方的需求没有发生变动，所有的协调工作，应由后方平台之间自行协调完成，而且必须在前方需求的时限内完成。前方的需求变化了，要及时准确提供给后方。而我们现在的情况是，前方的作战部队，只有不到三分之一的时间是用在找目标、找机会以及将机会转化为结果上，而大量的时间是用在频繁地与后方平台往返沟通协调上。而且后方应解决的问题让前方来协调，拖了作战部队的后腿，好钢没有用在刀刃上。后方协调困难有流程问题、有组织机构的设置问题、有思想意识问题，也有相互信任的问题，还有非主业干部对主业不理解的问题等等，我们要找到一把提高作战部队效率的钥匙，找到一把后方平台高效服务前方的钥匙。应该说，如何提高作战部队效率的钥匙已经找到，如何打开大门仍然困难重重。IBM 顾问提供给我们的关于项目管理的三个授权文件，已经帮助我们开始解开这一团乱麻，并可能帮助我们打开大门。我们应准确理解并严格执行。各级干部要敢于承担自己岗位责任，履行授权，这样就会使我们的管理摆脱僵化的中央集权。当然这些授权文件，随着公司的变革还会不断修改，以适应新的需求。而且这些授权仅是定性的，具体执行要有不同地方、不同时间、不同事件的授权。

我们要积极地先从改革前方作战部队开始，加强他们的作战能力，要综合后方平台的服务与管理，非主业干部要加强对主业务的理解，减少前后方的协调量。然后冷静地思考整个后方大平台的适应性变革，审慎的一步一步前行。哪怕每年提高千分之一的效率都是可喜的，千万不要倒退，千万不要形成臃肿、官僚的机关组织。

——以上摘自华为总裁任正非在销服体系奋斗颁奖大会上的讲话

第五节　人力资源制度的设计与创新

企业文化理念不仅需融入企业的业务、组织、财务制度与政策，还必须融入企业的人事政策与制度，把文化理念具体转化为企业招聘、使用、评价、激励和淘汰员工的政策、制度、标准，只有这样企业才能够招进符合自己文化的人，才能够激励积极实践自身文化的人、淘汰与自己文化不符的人。

■ 招聘标准的设计与创新

打造一支文化特色鲜明的员工队伍，第一步是招对人。如果招对了人，以后的文化落地就容易得多，就会事半功倍；相反，如果招错了人，其不符合企业文化的要求，想要改变他的思维和习惯，就需要花费很大的工夫，还不一定能够改变得了，就会事倍功半。有句话说得好："与其训练一只狗上树，不如直接养只猴子"。所以，聪明的企业在招聘时就非常注意应聘者在文化信仰上是否与企业一致，例如阿里巴巴招聘员工，总是先“闻味道”，查看与阿里巴巴倡导的核心价值观是否贴合。

企业不但要有在招聘过程中关注员工价值倾向的意识，还要把文化要求变成人才招聘标准和素质模型，这样才能够确保文化要求在人才招聘环节得到全面贯彻。例如龙湖地产在文化上提倡员工要“操心”，但如何操心，如何招聘到“操心”的员工，龙湖地产对“操心”员工的特点给出了全面细致的描述，并把它的每一主要特征进一步细化为员工素质模型，作为招聘、晋升的重要制度标准。

宝洁的价值观与招聘标准

宝洁的核心价值观——领导才能、诚实正直、责任、积极性、主人翁精神：

他们的8个核心面试题目中有4个与此有关：（1）请您举一个例子，说明您是如何设定一个目标，然后达到它；（2）请举一个例子说明你在一次团队活动中如何采取主动性，并且起到领导者的作用，最终获得你所希望的结果；（3）请你举一个例子说明你是怎样通过事实来履行你对他人的承诺；（4）请你举例说明在完成一项重要任务时，你是怎样和他人进行有效合作的。在这几个问题中，我们可以发现，其评价标准的核心都是围绕涉及人的自身品质特征和企业内在精神的适配程度上，个人的价值观是否适合企业的文化、价值观，在设置问题时，标准也同时给予了设定。

龙湖地产对“尽职敬业”的素质能力定义及关键行为描述

热爱劳动，恪尽职守，能从劳动中找到尊严、快乐、职业自豪感；工作标准持续改进；勇于承担责任；以积极心态克服困难、应对压力；注重工作方向、方法和效率；所有工作行为以公司利益为出发点；把个人成长与岗位责任紧密结合；对自己的长远发展负责。

□对自己的岗位职责表现出高度的热情和投入

□勇于承担有挑战性的工作职责

□对承诺的事情积极、及时落实，不能按时实现时及早沟通

□即使时间紧迫或有其他压力，也坚持保证工作的质量

□为了达到更高质量的结果，愿意付出额外的努力

□对简单重复性的工作及小事每次都坚持做好

□敢于提出有建设性但不一定受欢迎的意见

□以积极的态度接受批评和建议并采取行动

□主动做好自己岗位职责与上下游的衔接

□主动梳理本职岗位的工作流程及作业指导书

□建立与团队目标相一致的个人绩效目标

评价制度的设计与创新

评价制度就像指挥棒一样对员工有着明显的指引作用，评价制度指向南，员工就会往南走，指向北的话，员工就会往北走。因为评价制度往往与短期的奖惩和长期的晋升挂钩，没有正常人愿意逆评价制度而行。所以，企业的评价制度一定要做到能够恰当、准确

地反映企业的文化理念，否则，就可能把员工引向错误的方向。

在员工评价方面，企业常犯的错误是员工评价制度与企业文化理念基本不相关，绩效标准几乎成为员工评价的唯一标准，也可以说，以绩效文化替代所有的其他文化，完全以绩效论英雄。这种情况会导致企业评价的功利主义倾向，继而引发员工大量的短期行为，甚至欺骗行为。很多企业意识到这一点，并在员工评价中除了绩效、能力维度以外，专门设立态度或文化评价维度，并依据企业核心价值理念开发出企业文化考核评价标准，态度或文化维度与绩效、能力维度的结合，形成了员工全面评价的基本框架。这一框架已经得到了华为、中国移动、东阿阿胶等很多国内优秀企业的认可和推广。

阿里巴巴的员工考核

为了让企业文化真的影响员工的行为，马云早就开始把员工的业绩考核和企业文化这些软性的东西联系起来，他试图将企业文化落实在阿里巴巴员工的日常工作中。

在阿里巴巴旗下各个公司内部每个季度的考核里，员工的业绩考核分两部分，一部分是跟其他公司一样的“绩效”，还有一个就是价值观部分，各占50%。绩效考核实行1分到5分制，1分最低，5分最高，3.5分及格。

价值观部分的50%由员工自评、主管对他的评价以及人力资源部门的评价三方来最后评定的。马云认为，三方评定可以确保分数是比较客观公正的。

东阿阿胶的员工评价制度

东阿阿胶对于员工的考核评价主要从三个大的维度来进行：一是绩效维度，主要与各种经营指标挂钩，由经营指标的完成情况换算得出；二是能力维度，主要与代表员工能力的各种专业认证、从业经验、培训历程有关；三是文化维度，主要依据员工日常工作中行为态度方面是否符合企业的文化理念，是否符合企业员工行为规范。文化考核的具体操作依据是员工行为规范。

分配制度政策的设计与创新

利益分配问题是最敏感的问题，利益分配方面的政策与制度在企业中是最受关注的，也对文化落地具有重大影响力。企业管理当局如果在有关物资利益分配的政策与制度方面能够做到文化理念的一致，则文化落地就不会存在重大障碍，相反，则文化信仰很难翻过现实利益这座山。

很多企业都在企业文化中表达“员工是企业价值的主要创造者，是企业的最大财富，企业与员工要成为利益共同体、事业共同体、命运共同体”等理念，但真正能够把这种理念变成分配政策与制度的却是凤毛麟角。

华为公司的员工持股计划

在华为公司公布的2009年企业社会责任报告中首次公布了员工持股情况。截至2009年底，在华为全球9.5万员工中，有61457名员工持有公司股份，占员工总数的65%，持有股份总数达98.58%，而总裁任正非持股比例只有1.42%。进入华为的员工在任职满一定期限后，根据表现就可获得一定的股权认购额度，员工可自愿购买股权并按照股权获得分红。不过这些股份不允许员工之间相互买卖，员工在离职时，所持股份将由华为公司进行回购。华为通过工会实行**员工持股计划**，全体在职持股员工选举产生持股员工代表，并通过持股员工代表行使有关权利。

沃尔玛的员工分享制度

沃尔玛的人才理念倡导"员工是合伙人"，公司通过"利润分享计划"、"雇员购股计划"、"损耗奖励计划"与员工构建伙伴关系，让员工真正能够把企业和自身融为不可分割的一体。利润分享计划规定每个在公司工作一年以上的，以及每年至少工作1000个小时的员工都有资格分享公司利润。根据利润增长的情况，每个够格员工的工资的一定百分比归入这个计划，预留的金额大约是工薪总额的6%。员工离开公司时可以以现金方式或沃尔玛股票方式连本带利取走这个份额。由于计划中的提留基金的主要部分被投在了公司的股票上，而沃尔玛股票20年里随公司业绩的成长不断飙升，这使许多在沃尔玛长期工作的员工退休后拥有一笔可观的财产。

雇员购股计划是员工自愿参加的福利，允许员工以低于市值15%的价格购买股票，并可通过薪资抵扣方式购买。

损耗奖励计划对有效控制损耗的分店进行奖励，借此来抑制零售大敌"盗窃"的发生。如果损耗控制在目标限值内，该店平均每个员工可获得200美元的奖励。通过这一计划，沃尔玛成功地将损耗率控制在整个行业平均水平的一半。

■ 培训制度政策的设计与创新

“组织有效的员工队伍是企业的最大财富。”这句话已经被很多企业写进文化大纲，但如何通过系统的培训开发制度保证把员工变成财富还是中国企业应该认真学习的。

IBM 公司的培训

IBM 完善和成熟的培训体系本身就是对人才的最大吸引。其“尊重个人”的理念在其中得到了充分的体现。公司的培训投资力度相当大，要占到每年营业额的1% –2%。每名员工每年至少会有15 –20天的培训时间。公司通过各种有效的培训和训练方式帮助员工尽快能够在岗位上发挥所长。IBM 的新员工培训可以很快将员工带入角色，包括后台人员培训和前台人员培训。销售人员和系统工程师必须接受为期12个月的初步培训，公司决不让一名未经培训或者未经全面培训的人到销售第一线去，因为这不仅会对公司的形象和信用造成极大影响；而且还可能使一个很有潜力的销售人员夭折。公司还提供专门的经理人员培训，也分为两类：一类是为即将升为经理的员工在升任之前提供的，是本地化的培训；另一类则是为员工升为经理之后提供的，是全球统一的，为期一年，主要采用 e-learning 的培训手段。

IBM的**“长板凳”接班计划**把员工发展的重任交给了各级管理人员。IBM要求主管级以上员工将培养手下员工作为自己业绩的一部分。每个主管级以上员工在上任伊始，都有一个硬性目标：确定自己的位置在一两年内由谁接任；三四年内谁来接；甚至你突然离开了，谁可以接替你。为接任的人提供一些特殊的培育计划及指导。如果主管不能培养出自己的接班人，就只能在一个位置上继续做下去，只有自己的下属有成就，自己方能获取更高的职位。

麦肯锡公司的导师制

以往传统国企“传帮带”模式实际上也是一种帮助员工成长的非常好的手法。虽然它在国内企业中差不多已经销声匿迹了，但很多日本企业仍然推崇这种方式。麦肯锡的**“导师制培养机制”**也是如出一辙。除了正式培训以外，每位咨询人员都有条件配备一名合伙人担任“发展小组领导”，作为其专业的导师提供意见和建议，帮助他们确定职业发展方向和专业成长道路。这种机制让麦肯锡员工获益匪浅，被认为是最有力的支持力量。

第六章　如何让理念变得生动

——仪式与活动

第一节　仪式与文化

作为治国要点的仪式

翻阅人类文化史，但凡提及文化的地方无不提及仪式，仪式之与文化俨如毛之与皮、唇之与齿、影之与形，即凡有文化的地方就有仪式，凡有仪式的地方就有文化。

仪式之于管理也是如此。大到治国，小到治家，无处不有仪式的影子。著名美籍华人学者黄仁宇在《万历十五年》中专门有一章讲述古代皇帝治理国家时所用的仪式，这里摘抄两种以供读者鉴赏。

先农坛恭耕仪式

每年一度的先农坛恭耕仪式。在“亲讲”之前，官方在教坊司中选取演员扮演风雷云雨各神，并召集大兴、宛平两县的农民约200人作为群众演员。这幕戏开场时有官员2人牵牛，着老者2人扶犁，其他被指定的农民则携带各种农具，包括粪箕净桶，作务农之状，又有优伶扮为村里村妇，高唱太平歌。至于皇帝本人当然不会使用一般的农具。他所使用的犁雕有行龙，全部漆金。他左手执鞭，右手持犁，在两名老者的搀扶下在田里步行3次，就完成了亲耕的任务。耕毕后，他安坐在帐幕下观看以户部尚书为首的各官如法炮制。顺天府尹是北京的最高地方长官，他的任务则是播种。播种覆土完毕，教坊司的优伶立即向皇帝进献五谷，表示陛下的一番辛劳已经收到卓越的效果，以至五谷丰登。此时，百官就向他山呼万岁，致以热烈祝贺。如图 6 – 1 所示。

图 6 – 1　先农坛恭耕仪式

早朝仪式

每天一次的早朝仪式。在参加早朝之前，凡有资格参加的所有京官和北京地区的地方官，在天色未明之际就要在宫门前守候。百官进入宫门后，在殿前广场整队，文官位东面西，武官位西面东。负责纠察的御史开始点名，并且记下咳嗽、吐痰以至牙笏坠地、步履不稳重等属于“失仪”范围的官员姓名，听候参处。就绪以后，四品以上的官员鱼贯进入大殿，各有关部门的负责官员向皇帝报告政务并请求指示，皇帝则提出问题或作必要的答复。这一套早朝节目在日出前开始，而在日出不久之后结束，每天如此，极少例外。如图 6 – 2 所示。

图6－2　早朝仪式

皇帝的理解：朝廷上的政事千头万绪，而其要点则不出于礼仪和人事两项。仅以礼仪而言，它体现了尊卑等级并维护了国家体制。管理数万万的国民，如果全部问题都要在朝廷上检讨分析，自然办不到。所以抓住礼仪极为重要，要求大小官员按部就班，上下有序，以此作为全国的榜样。

上面所述的仪式是用于治国的，在日常家庭生活方面也存在不少仪式，如许多民族都设计了“成人礼”，标志一个人的成熟和独立。如伊斯兰教男子都要接受“割礼”，即意味着此后则应承担宗教义务，开始自主的宗教生活。在实施“割礼”时，需念经、宰羊，宴请客人，以示庆贺。在日本，传统“成人节”一般都会举行隆重的仪式，祝贺年轻人开始拥有了选举权与被选举权，成为国家公民；在中国，古代男子成年要行“冠礼”，女子成年要行“笄礼”。结婚时都举行婚礼，标志着一个家庭的成立。去世后要举行丧礼，表示对死者的哀悼等。可以说仪式和日常的生活，和人的生命时刻相随。

同样，仪式在企业中也是不可或缺的。公司成立时，一般会召集与企业相关的各界朋友举行一个盛大的开业仪式；业务开展顺利，成功拿下订单，会举行一个小小的庆祝仪式；新员工加盟，企业会举行一个欢迎仪式；老员工退休，企业会举行一个欢送仪式；甚至不乏企业每天还举行升旗仪式、迎宾仪式、班前会会议仪式；每周有小朝会仪式、每月有大朝会仪式；年初有任务签约仪式，年终有优秀工作者表彰仪式等。可以说，企业中的仪式无处不在。

■ 仪式是表演价值观的戏剧

实际上，仪式是由价值观改写成的剧本，在每一个仪式背后都有一个体现文化中某种信念的虚构故事。**仪式之与文化，犹如电影之与脚本、演奏之与总乐谱、舞蹈之与理想境界，都是舍此便无法用其他手段表达的。**

中国皇帝的登基仪式极其象征意义

仪式程序：颁布遗诏——择日即位礼——祭天——大赦天下——颁布诏书登基——传国玉玺——宫中乐手演奏——由内侍扶着，登上皇位——音乐停下，接受百官朝贺，以及四方朝贺——祭告宗庙、社稷以及万民

文化象征：祭天，主要是为了向上天报告，这与古代的皇权专

制，即**君权神授**有关；举行仪式是要告诉天下人，我皇帝是上天任命的，是真龙天子，你们都要听我的，不能反对我，反对我就是对上天的不敬。传国玉玺，象征权力传递；祭告宗庙，请求祖先保佑。

美国总统宣誓仪式及其象征性意义

仪式程序：在美国最高法院首席大法官约翰－罗伯茨主持下，当选总统将使用当年林肯总统就职典礼用过的圣经宣誓就职。紧接着总统宣誓完毕，乐队演奏《鼓号齐鸣》和《向统帅致敬》；美国陆军第3炮兵团会奏响21响礼炮，作为对最高统帅的致敬。

文化象征：第一，“宣誓”这个行为本身就是用宗教的眼光来看待总统的言行。誓言对宣誓人内心的约束是强有力的。当然，美国是一个法治国家，宣誓不代表一切都能ok了，制度上的约束才是监督国家领导人的有利工具。第二，总统宣誓由最高法院的首席大法官主持，也恰好象征了美国的三权分立的政治理念。司法权是美国三权中的一权，最高法院的地位尤为重要，它能制约国会的立法权和总统的行政权力。首席大法官主持宣誓是对司法权尊重的传统的体现。第三，手按《圣经》宣誓也是受到宗教的影响所致。美国第一任总统国父华盛顿认为，美国的独立是“上帝”的恩典。在他的总统就职典礼上，华盛顿亲吻《圣经》，手按《圣经》宣誓，并且在正式誓词之外，另外说了一句“我宣誓，我祈求‘上帝’的保佑”。这一方式也被当做传统而延续下来，在就职后的演说中，总统们也要祈求“上帝”的保佑。如图6－3所示。

图6－3　美国总统手按圣经宣誓

没有富于表情的活动，任何文化都将消亡。缺乏典礼或仪式，重要的价值观就不起作用。可以这样说，仪式存则理念存，仪式亡则理念亡。我国著名作家、画家、民俗学家冯骥才先生曾对中国传统文化的失落作出这样的评论：传统不是一个虚架子，传统是由具体的形式来支撑的，例如逛庙会，民艺，爆竹声声，各种仪式……现在年轻人追捧洋节，不爱中国节，不能归罪于年轻人和外来文化的入侵，而在于中国的传统节日都已经变成了美食节，因为过来过去都是吃。中国传统文化的失落，首先在于各种传统形式由于各种各样的原因遭到了破坏。没有了那些或至美至醇、或简朴而肃穆的仪式，没有了那些鲜活生动的形式，文化的命脉又如何延续呢？没有了这些具体形式的承载和传播，后世的子孙们到哪里接受民族文化的熏陶呢？久而久之，传统也将不复存在。

另一方面，西风东渐，西方文化逐渐渗入我们的社会并在此生根发芽，其中文化仪式扮演了非常重要的前锋角色，很多西方理念是利用西方的节日、仪式等方式悄无声息地落地扎根的。

现代媒体与文化仪式的结合形成的“媒介仪式”，是西方社会文化影响快速扩展的重要手段，这种影响正日益深刻地改变着我们的社会生活和社会文化，因而引起了文化人类学者的关注。

CNN 对里根葬礼的直播

各国政要全明星出场，盛况空前。仪式在大教堂举行，布什悼词极尽溢美之能事，主教之类的人物庄严对着盖着花条旗的灵柩念诵圣父、圣母、圣子、阿门等语，大风琴奏起圣洁的音乐……整整几个小时，整个世界似乎都在为美国这位已故总统感到遗憾，甚至还会觉得，美国的损失就是世界的损失（美国的胜利就是世界的胜利）。通过 CNN 庞大的媒介渠道，这个仪式成为一次美国文化和美国价值观向全世界的传播。

第二节　仪式的特点

仪式是人类社会中一种古老的形式，只要有人存在，有人的生活继续，仪式就将继续下去。而要称其为仪式，就必须具备非日常性、程式性、象征性三个基本特征。

仪式活动具有非日常性

仪式不同于一般日常生活，是对日常生活的强调和超越。仪式能够通过一系列有效的活动，将人们的视线锁定在某事件或思想之上，从而使得该事件或思想具有了重要性，进而对人们产生影响。以仪式表演呈现的文化活动，能够改变甚至重塑人们的观念和精神世界。

东阿县的九朝贡胶开炼仪式

九朝贡胶是过去东阿县专门用来进贡朝廷传统阿胶的名贵品种，需要派四品要员与当地县官监制，在**冬至这天子时**取**东阿阿胶井里的至阴之水**，选用**乌头驴的驴皮**和**桑木柴**，历经**九天九夜**的**九十九道工序**炼制而成。每年的冬至时分，伴随着**东阿药王山上**响彻全城的**9 声钟响**及**27 声鼓鸣**，九朝贡胶开炼仪式就会如期在山东东阿县举行。该县自 2007 年连续 5 年举办九朝贡胶的开封大典，以此来唤醒人们对于中医药文化的集体记忆。

程式是仪式的表现手法

每一次仪式都必须遵循一定的时空顺序，按照相应的程序和节奏进行，通常会形成严格的规范。特别是传统仪式，它举行的时间和基本的程式都是大体固定的，某个仪式在什么时候举行，在活动前应作出怎样的准备和具体安排，活动怎样进行和结束等，都有较为严格的规定，人们可以对其了如指掌。

奥运开幕仪式的程序

奥运会开幕式内容包括基本仪式，富有民族特色的团体操及大型体育文艺表演。其基本仪式包括以下固定程序：

1. 奥运会组委会主席宣布开幕式开始，国际奥委会主席和奥运会组委会主席在运动场入口迎接东道国国家元首，并引导他到专席就座；

2. 各代表团按主办国语言的字母顺序列队入场（但希腊和东道国代表团例外，按惯例希腊代表团最先入场，东道国最后）；

3. 然后是奥运会组委会主席讲话；

4. 国际奥委会主席讲话；

5. 东道国国家元首宣布奥运会开幕，奏《奥林匹克圣歌》，同时奥林匹克旗以水平展开形式进入运动会场并从赛场的旗杆上升起；

6. 奥林匹克“火炬接力跑”进入运动场，最后一名接力运动员沿跑道绕场一周后点燃奥林匹克圣火，放飞鸽子；

7. 各代表团旗手绕主席台形成半圆形，主办国的一名运动员登上讲台，他左手执奥林匹克旗的一角，举右手宣誓；

8. 紧接着主办国的一名裁判员登上讲台，以同样的方式宣誓；

9. 演奏或演唱主办国国歌。

象征意义是仪式的精髓

仪式的整个过程和各个细节，目的都不在其本身，而在其背后的象征意义。因为仪式的象征意义，才是仪式的精髓，是人们设计仪式的真正用意所在。因此，仪式的过程是一个期望仪式的参与者以及旁观者均能够“闻弦歌而知雅意”的过程，是通过“祭神”，让人们看到并领悟到“神”——某种文化精神的真谛。仪式的象征性注定仪式活动的意旨在于向外传递某种更深远的意义，这就为仪式赋予了表演的色彩，同时也为人们提供了广阔的想象空间。

中式传统婚礼仪式中的象征

1. 祭祖：男方在出门迎娶新娘之前，先祭拜祖先。

2. 出发：迎亲车队以双数为佳。

3. 燃炮：迎亲礼车行列途中，应一路燃放鞭炮以示庆贺。

4. 等待：新郎礼车至女方家时，会有一男童侍持茶盘等候新郎，新郎下车后，应赏男孩红包答礼，再进入女方家。

5. 讨喜：新郎应持捧花给房中待嫁之新娘，此时，新娘之闺中密友要拦住新郎，不准其见到新娘，女方可提出条件要新郎答应，通过后才得进入。

6. 拜别：新人上香祭祖，新娘应叩拜父母道别，并由父亲盖上头纱，而新郎仅鞠躬行礼即可。

7. 出门：新娘应由福高德劭女性长辈持竹筛或黑伞护其走至礼车，因为新娘子在结婚当天的地位比谁都大，但不得与天争大。

8. 礼车：在新娘上礼车后，车开动不久，女方家长应将一碗清水、白米撒在车后，代表女儿已是泼出去的水，以后的一切再也不予过问，并祝女儿事事有成，有吃有穿。

9. 燃炮：由女方家至男方家的途中，同样要一路燃放礼炮。

10. 摸橘：新娘子迎新车队到达新郎家时，由一位拿着橘子的小孩来迎接新人，新娘要轻摸一下橘子，并赠红包答礼。这两个橘子要放到晚上，让新娘亲自剥皮，意谓招来“长寿”。

11. 牵新：新娘由礼车走出时，应由男方一位有福气之长辈持竹筛顶在新娘头上，并扶新娘进入大厅。进门时，新人绝不可踩门槛，而应横跨过去。

12. 新娘进门前应从炭火盆上跨过去，表示洗去进门前的晦气和不祥。

13. 喜宴：时下颇流行中西合壁式的婚礼，大都在晚上宴请客人同时举行观礼仪式，在喜宴上，新娘可褪去新娘礼服，换上晚礼服向各桌一一敬酒。

14. 送客：喜宴完毕后，新人立于家门口送客。

15. 闹洞房：新人被整之灾情大小，端视新人是否曾在其他的婚礼上戏弄别人，或平素待人够不够忠厚等。

第三节 仪式的种类

■ 社交中的仪式

社交仪式是指个人交际的不成文仪式，或者称之为客套仪式，例如称谓、谈话时的固定的秩序或习惯等。这些仪式能指导人们立足于何处、加强个人与公司内部人员的一致性、并且为人们彼此联系的方式定下调子。

称谓是社交仪式中最常见的一类，不同的称谓方式往往蕴含着不同的文化内涵，有时虽然并不被人察觉，但久而久之，会改变一群人对彼此之间关系的认识。

IBM 的彼此称谓

托马斯·沃森坚持在 IBM 内部的每个人彼此以先生、夫人或小姐相称，他并非在任意地滥用他的个人权力。他是在用称呼来表明，在 IBM 工作的每个人都是值得尊重的专业人员，而 IBM 的三大核心价值观中第一条就是“尊重个人”。

联想集团的彼此称谓

几年前，联想集团曾经发起了一个小小的改变，却引起了众多的关注。杨元庆要求，在联想集团内部，所有的同事在称呼对方时，不论其职位高低，一律直呼其名。员工以后称呼杨元庆不再是“杨总”，而是“元庆”。这一看似简单的称呼改变，却是在向世人表达联想集团对传统官本位意识的摒弃。

走出企业层面看，称谓对于文化的反映和承载更为明显。在中国，古代皇帝习惯自称为寡人，意在提醒别人自己的独一无二、至高无上；在传统的主人和佣人或家丁之间，家丁一般称呼主人为主子，称呼自己为奴婢，意在提示彼此之间的奴仆关系；在黑社会里，彼此之间一般是按照大哥、小弟的方式称呼彼此，意在提示大家是一种结义兄弟的关系。

企业的社交仪式往往受到社会流行的社交仪式的影响。例如，由于中国是一个官本位意识非常强烈的社会，在社会上很多人喜欢彼此以官位相称，在政府则称省长、市长、县长、乡长，或者称部长、厅长、处长、科长，都要带一个“长”字，在企业则称总裁、总经理、总监，都要带一个“总”字，这其中洋溢着浓浓的拜官气息。尽管不少企业家已经意识到这种文化的弊端，并像联想集团一样意欲在企业内部进行改变，但却会遇到企业所处环境的强大阻力，这几乎是难以避免的。在这种情况下，歌尔声学的做法值得借鉴。

歌尔声学的彼此称谓

歌尔声学，山东潍坊一家高成长性的上市公司。在歌尔声学，员工之间的相互称谓既不是以职位相称，也不是直呼其名，歌尔声学的每一名管理者和职能部门员工都有一个英文名字，例如董事长姜斌的英文名字叫 BRYAN，执行副总裁姜龙的名字叫 LONG，在日常的工作中，他们都直接以彼此的英文名字替代职位和中文名字。

京东商城也是以这种方式进行彼此称谓的。其实在外资企业和很多海归人士回国兴办的中资企业中，在企业内部彼此以英文名字相称的社交方式非常普遍。这种称谓方式既淡化了以职务相称的官本位意识，引入了平等意识，又避免了直呼中文名字产生的与外部社会文化的正面冲突，不失为一种折中的智慧选择。

社交仪式除了称谓之外，还包括交际场合的长期习惯、争论的激烈程度或将争论公开到何种程度、会议上由谁先发言以及允许由谁结束一次交谈等。

工作中的仪式

人们在常规工作中为了完成工作任务需要遵守一定的程序和规范，这些程序、规范之中有一部分与实质性的工作进展之间没有必然的联系，也就是说遵守这部分程序和规范而进行的活动并不直接产生最终的工作成果。但这些活动是有价值的，它们能够提供给人们许多重要的东西，包括安全感、工作信念、证明自我价值等。

外科大夫手术之前7分钟盥洗

（美国）外科医生们在手术前要“擦洗”7分钟。尽管现今大多数医生认为细菌在三十秒之内就消灭了，这一惯例仍旧被忠实地保留着。不这么干就是“破坏擦洗”——表示外科医生准备失当。通过遵循这类仪式，外科医生们就驻留于保证手术安全性的文化领域（不是事实领域，因为即使这样做手术仍旧可能失败）之内。

这个仪式与医学的科学性和医生的责任感联系在一起，为了应对外科手术的高风险性而建立。病人可能根据这样的活动来判断不同医院的管理水平和责任心。

传化集团工厂员工上班前的安全宣誓仪式

浙江传化集团化工事业部生产一线员工有一种执行了很久的安全宣誓仪式，员工在每天进入车间之前，在车间入口处的一面墙前，由班长带领进行安全生产宣誓，墙上张贴着员工自己父母妻儿的照片。宣誓内容包括自觉遵守安全生产规章，保障安全生产和自身安全，保证平安归来，不让家人牵挂。

传化集团生产一线的班前安全宣誓活动并不直接给员工带来实质性的安全保护，但通过这种宣誓仪式，参与宣誓仪式员工的安全意识得到了持续强化，在随后的工作中自觉遵守安全规定的习惯逐渐形成，安全事故也因此得到有效控制。

■ 管理中的仪式

管理仪式如工作仪式一样，常隐藏在日常管理活动中，不易区分。管理仪式中比较显而易见的就是会议。

周例会是许多公司采取的管理措施，旨在及时沟通信息，掌握公司经营状况，发现和解决问题。沃尔玛的周六例会同样具有这样的功能，它之所以为世人瞩目乃是因为它秉承了沃尔玛一贯的娱乐作风，从而显得与众不同。

沃尔玛的周六例会

每周六早上七点半，公司高级主管、分店经理和各级同仁近千人集合在一起，由总裁带领喊口号，然后讨论公司的经营管理。然而老山姆及沃尔玛人反对呆板、枯燥和千篇一律，山姆认为要使会议卓有成效，必须带有一些类似演出的特性。于是周六例会变得花样百出。除了喊口号，还可能是唱歌、做健美操；有时例会上会迎来一些客人，有时来自默默无闻的小企业，有时是韦尔奇那样的大人物，还有时可能是当红的喜剧明星；老山姆还组织和参与过拳击比赛。这个会议还有另一面，人们时常把一些有关管理的文章或书籍推荐给大家，大家一起谈论竞争对手，谈论公司的弱点和问题，然后集思广益。周六例会常冒出一些新奇的创意，得到大家的支持并进行尝试。

例会在很多地方只是例行公事，但是沃尔玛却能够把例会组织得如此富于活力和高效，实属难能可贵。

七匹狼大朝会仪式

七匹狼总部每月举办全体员工参加的会议，叫大朝会，大朝会内容大致如下：

1. 学唱一首歌；
2. **七匹狼理念念诵（誓词精简）；**
3. 新员工自我介绍；
4. **新员工拜师仪式；**
5. 知识分享；
6. 大事通报；
7. 成绩通报及颁奖；
8. **老狼故事；**
9. 领导总结；
10. 眼保健操等轻松活动。

七匹狼的大朝会既是工作总结、工作布置的会议，同时也是七匹狼文化宣扬的会议，全体员工，尤其是新员工可以通过誓词、拜师仪式、老狼故事等环节深刻体验到七匹狼所倡导的“永不回头、相信自己、相信伙伴”的企业文化理念。

表彰时的仪式

与员工表彰活动相关的仪式：员工表现出色、晋升或退休时所举行的仪式；周、月、季、年度优秀员工评选及表彰；优秀员工业绩报告会。

正如拿破仑所言“你领导人们得靠一些小玩意，而不是光靠言词”，拿破仑的“小玩意”是指他授予有功人员的荣誉军团勋章一类的奖品，所以说“成就应该得到表彰，表彰又会激励更大的成就”。一场辉煌的表彰仪式，或哪怕一些“小玩意”所能够带给受奖者以及整个公司的，将可能是巨大的动力；同时，表彰仪式也是宣扬公司核心理念、树立英雄楷模的好机会。

东阿阿胶的员工表彰仪式

（公示获奖人员光荣榜）为获奖者**佩带鲜花**→获奖人员**在荣誉墙上签名**→获奖人员**走星光大道**（红地毯、彩球彩带、声光电氛围）入场并就**坐荣誉专区**→宣读获奖者名单→颁发奖金奖品证书→公司领导发言

东阿阿胶的员工晋升仪式

立药圣像/悬挂司旗/全员着司服佩司徽→全员礼拜药圣/宣誓中医药行业誓言和职业信条→公布晋升人员名单→为晋升人员**佩带光荣花**/ **颁发新岗位聘书**/ **赠新职务名片**→公司领导致辞（恭贺、鼓

励）→晋升人员代表发言

第四节　仪式的设计

企业文化落地，合适的仪式是必不可少的手段之一，根据企业自身的情况设计出适合、生动、有特色的文化仪式也是对企业文化管理人员的基本要求。

文化仪式的设计要注意以下几点。

■ 紧扣企业自身的文化理念

企业文化理念就是仪式的灵魂，是文章的中心思想，设计仪式前必须首先弄清楚为什么而设计，要体现什么样的理念和思想，这是正确设计的前提。例如东阿阿胶的拜师仪式的设计，该仪式在设计之初就十分明确要表达的主题思想是“传承”，中间的程序设计也是围绕这一核心思想来进行，通过签师徒协议、行拜师礼、敬拜师茶等环节突出了“传承”所必需的尊重与虔诚。

为东阿阿胶“传承”理念而设计的拜师仪式

立药圣像/悬挂司旗/全员穿司服佩司徽→全员礼拜药圣/宣誓中医药誓言和职业信条→宣布师徒名单→**签师徒协议**→**行/受拜师礼（古礼稽首三鞠躬）**→**敬/品拜师茶**→徒弟代表发言→师傅代表发言→公司领导致辞（祝福、鼓励）

■ 结合企业自身的业务特点

适合工厂车间举行的仪式未必适合写字楼，适合农民的仪式未必适合艺术家，仪式的设计最好从企业自身的业务活动中提炼、抽象出来，既是象征性的，又有现实业务的影子。东阿阿胶是一家医药保健品企业，他的新员工入司仪式就充分体现了医药保健品行业的特点。

东阿阿胶的新员工入司仪式

立药圣像/悬挂司旗/全员着司服佩司徽→公布新员工名单→**礼拜药圣**（古礼稽首三鞠躬）→**入行宣誓（孙思邈《大医精诚》）**→**入司宣誓（《东阿阿胶职业信条》）**→公司领导致辞（欢迎、鼓励）→入司（佩戴“东阿阿胶”司徽）→新员工代表发言

■ 程序设计是仪式设计的关键

既要避免过于繁琐，又要避免过于简单，繁琐让人感到惑乱甚至掩盖主旨，简单则会无法突出主旨。东阿阿胶改进后的老员工退休仪式中增加了立药圣像、全员礼拜药圣/宣誓中医药誓言和职业信条、介绍退休人员主要工作经历与荣誉、退休员工代表发言、领导领唱感恩歌等环节，充分表达了企业对于老人的尊重和重视，从而

非常鲜明地突出了东阿阿胶“传承”的核心价值观。

东阿阿胶新员工入职仪式前后对比

原来的老员工退休仪式

悬挂司旗→唱司歌→宣布退休员工名单和工作经历→为退休员工佩带光荣花→为退休员工颁发退休纪念牌→公司领导讲话→安排专车专人送回家

改进后的老员工退休仪式

立药圣像/悬挂司旗/全员穿司服佩司徽→全员礼拜药圣/宣誓中医药誓言和职业信条→公布退休员工名单→**介绍退休人员主要工作经历与荣誉**→为退休员工佩戴光荣花/颁发“光荣退休”荣誉证书→退休员工代表发言→**公司领导致辞/领唱感恩歌**→（退休人员）功勋宴

第五节　企业文化活动

除了仪式之外，企业还存在着大量的文化活动，这些活动既包括纯娱乐性的文娱活动，例如职工羽毛球比赛、游泳比赛、卡拉 ok 娱乐、集体旅游休假等；又包括虽然与公司业务无关，但有着明确主题的活动，例如希望小学捐助、环境保护捐助、青年志愿者等。企业中的这些文化活动和文化仪式都属于大的仪式活动的范畴，但也有着较为明显的区别，即仪式多为象征性的，而这些文化活动本身是实质性的。

娱乐性文化活动

娱乐性文化活动能够开拓公司生活，能够松弛精神紧张并促进创新，娱乐活动以多种形式的玩笑、戏谑、脑力激荡等把人们连接在一起，润滑同事之间的感情、缓解冲突、建立丰富的非正式联系，对于增进了解和组织一体化及促进创新都有着非常好的效果。很多优秀企业都为职工提供各式各样的娱乐活动。

阿里巴巴的职工娱乐活动

“阿里十派”，原来指的是阿里巴巴的十个员工俱乐部，如足球派、宠物派等，现在已发展到十六七个“派”。员工们各显神通，在内网上发展会员、组织活动。活动的照片，就在各种文化墙上展示。其中淘宝公司还在员工休息处搞了个醒目的“淘宝武林帮派积分榜”，你追我赶，好不热闹。就是卫生间，女卫生间被叫做“听雨轩”，男卫生间被叫做“观瀑亭”，每个蹲位还被开发成广告位，由专门部门管理，所有“帮派”可以在这里发通告，“因为这里是所有人都要去的地方，人流量最大”。

主题性文化活动

主题性文化活动是企业文化理念具体的实质性实践，是理念落地的重要形式。主题性文化活动顾名思义一般有着非常鲜明的文化主题，和企业的使命、愿景、价值观有着较为明显的对应关系。

传化集团的主题文化活动

例如浙江传化集团追求“幸福员工、成就客户、引领产业”的使命，他们的工会、人力资源和文化部门都会围绕“幸福员工”的文化主题策划和实施一系列的文化活动，包括生日送蛋糕、送祝福活动、年终为困难职工送温暖活动、帮助员工子女入学活动等。

文化活动的策划

无论是职工娱乐活动还是文化主题活动，要想有效果、有特色，需要结合企业自身的文化特点和所处的行业、所处的环境、所拥有的资源等条件进行一定的策划和组织，这样企业的文化活动才能够既受员工欢迎，又具备自身特色。

七匹狼公司就结合了自身“传承经典，演绎时尚；挑战人生、永不回头；相信自己、相信伙伴”的理念，同时充分发掘运用自身周边的自然资源和社会资源，策划出了具有自身特色文化活动。

七匹狼公司的文化活动策划（部分）

1. 鼓浪屿环岛步行活动

活动目的：健身、环保。

活动内容：环鼓浪屿步行一周，兼做垃圾捡拾工作。

活动口号：锻炼身体，清洁家园。

活动频率：每周一次。

参与范围：全体员工自由参与。

活动时间：每周六上午十点。

活动组织部门：企业文化部。

设备支持：每人一件印有狼标的T恤（夏天）或外套上衣，几个印有狼标的垃圾袋和几把垃圾钳。

资金支持：轮渡费和水费，每人每次十元。

体现文化：自强不息、责任。

2. 赞助厦门美术馆百期讲座活动

活动目的：精进专业、普及美术。

活动内容：赞助厦门美术馆举办50期美术讲座。

活动口号：艺术走进生活。

活动频率：每周一次。

参与范围：全体员工自由参与，全体市民自由参加。

活动时间：每周日上午十点。

活动组织部门：企业文化部协助厦门美术馆。

设备支持：每次讲座有七匹狼员工组成七匹狼听众方阵，统一着有明显狼标的衣服。

资金支持：专家讲课费用及其他费用。

体现文化：传承经典，专业，社会责任。

3. 七匹狼自行车部落及厦门环岛游运动

部落性质：自由参与但有内部严明纪律的业余兴趣组织。

活动目的：健身、锻炼毅力。

活动内容：沿厦门环岛公路骑行一周。

活动口号：有氧运动，健康生活。

活动频率：每周一次。

参与范围：七匹狼自行车部落成员，建议少雄董事长做部落酋长。

活动时间：每周六上午十点。

活动组织部门：企业行政部。

设备支持：每人一件印有狼标的T恤（夏天）或外套上衣。

资金支持：水费和午餐费，每人每次五十元。

活动要求：参与者要提交一些个人体会或见闻发到公司刊物编辑部。

体现文化：挑战人生，永不回头；相信自己，相信伙伴。

『行』篇

从大家的『信念』到大家的『习惯』

- 让英雄人物成为文化落地的“魔法师”
- 通过规范让理念得以操作
- 如何避免文化落地中的“烂尾楼”和“独角戏”

第七章　如何实现理念向行动的突破

——英雄与经验

所谓英雄人物，就是我们常说的榜样和标兵。榜样和标兵的作用关键在于突破和示范，毛主席讲过“榜样的力量是无穷的”。企业文化理念因其较为抽象的特点，在落地的过程中若想让人更好地理解，在行为上获得关键性的突破，并逐渐形成使大家广泛模仿的经验，这个功能非文化英雄莫属。

第一节　英雄人物的作用

如果说价值观是文化的灵魂，那么英雄人物就是价值观的人格化，是价值观的最生动、最真实及最具影响力的体现，是企业中涌现出来的企业文化的最佳代言人。

阿伦·肯尼迪和特伦斯·迪尔曾这样评价英雄人物：“英雄人物是伟大的鼓动者，是魔法师，是在事情棘手时人人都指望的人物。他们有坚忍不拔的品质和风度。他们干一些别人想干又不敢于尝试的事情。英雄人物是一种象征性形象，其所作所为与众不同，但又不太出格。”

英雄人物的作用可以大致总结如下，如图 7 – 1 所示。

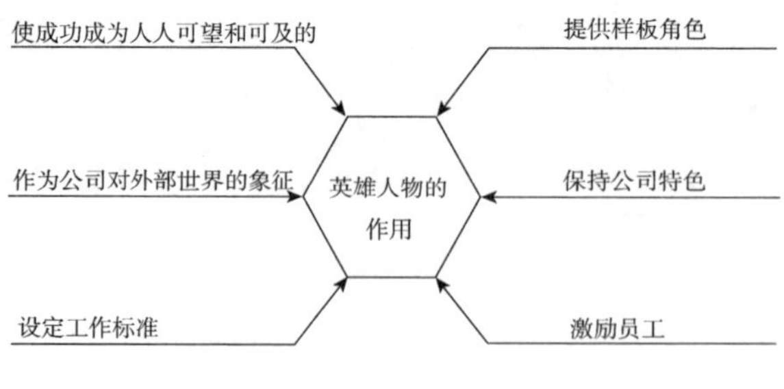

图 7 – 1　英雄人物的作用

使成功可望而且可及

成功常常被某些一知半解的人说成一种神乎其神、无法触及的境界，普通人常常被排斥在成功的可能之外。实际情况远非如此，并非只有轰轰烈烈才是成功，并非影响历史才是成功，成功实际上并没有严格的数量或规模上的界定。只要能持续努力，哪怕做成一件小事也是成功，持续的小成功就会积累成大成功，只要努力工作，每个人都能够成功。对员工身边持续贯彻企业价值观而获得成功的人，应当树立成企业英雄，这样就能起到鼓舞人心、鼓励行动的作用。

江苏移动员工张丹丹

江苏移动苏州市移动公司的一名普普通通的社会化临时用工张丹丹，在工作中兢兢业业，勤勤恳恳，始终热情对待客户，用心为客户服务，连续多年被客户评为服务最佳。2004 年获得中国移动集团公司服务明星，并获得了从社会化临时性用工转为正式用工的机会。张丹丹作为江苏省移动公司社会化用工的一员，向几千名和自己一样身份的社会化用工证明：只要坚持不懈地贯彻中国移动的文化理念，恪尽职守，用心服务，任何职业的障碍都是可以打破的。

IBM 的唐·麦克洛斯基

员工并非必须成为领导者或者年轻人的榜样才能赢得英雄的荣

誉。IBM 公司的内部刊物《思考》上有这样的一句话，说的就是这个例子："当年看到这些愉快的面容，你还以为他就是那个为灰姑娘穿上水晶鞋的王子，而实际上，他不过刚刚给最近定购的客户送去了一台便携式打字机。"这段文字使销售员唐·麦克洛斯基成了英雄，并成为公司高度推崇的百分百俱乐部的会员长达 30 年之久（只有那些持续完成定额的 IBM 员工才有资格加入该俱乐部）。其中的奥秘何在？IBM 公司总是精心地确定其销售定额，从而使大约 80%的人成为俱乐部会员。

局外人可能会质疑这种看似简单的奖励方法，其价值就在于能产生更多的英雄。IBM 公司热衷于宣扬麦克洛斯基第一次进入俱乐部的经历，"他在最后一分钟收到了一份意想不到的 8 台打字机的订单"。如果你在 IBM 公司干得不够顺利，就可以想想麦克洛斯基带来的示范效应，再对比一下公司政策备忘录上提倡的坚忍不拔的美德。对于何者能激励推销员们销售更多的打字机，答案不言而喻。

张丹丹和唐·麦克洛斯基的作用即在于向身边的同事证明：每个人都有成功的机会，成功并非遥不可及。

提供成功的样板角色

通过英雄人物给予普通人以信心和希望，给予普通人以现实行为的标尺和具体的行动指南。

3M 公司的技术主管班查特·A·德鲁

班查特·A·德鲁离开了班卓琴乐队来到3M公司的研究实验室工作，他答应帮助同事们解决一个不透明胶纸方面的问题。此后不久，杜邦公司推出了玻璃纸。德鲁断定能够利用杜邦公司的这一产品干得更好，他在玻璃纸上涂上了一层无色的黏结剂用以黏结和捆扎东西——胶带纸就这样诞生了。按照3M的传统，德鲁自己掌管了这项发明的研制和初期生产。这样，德鲁逐级升迁，最后成为3M公司的技术主管。

传化集团青年干部刘成良

8年前，刘成良刚刚来到传化集团的时候，还是一个从浙江兰溪农村走出来的普通农民。但是经过8年坚持不懈地认真学习，现在刘成良已经是传化集团华洋化工有限公司塑化生产部副经理。刘成良进入企业后，像他这样的新进员工可以选择参加公司的培训，通过考试的还可以报销全部学费。从2004年进厂一直到现在，他参加的培训超过150次。经过几年的一系列系统培训，刘成良职业发展经历了“三级跳”，从一个化工企业的门外汉成长为了一名中级技工，2009年，又被提拔为车间主管。“培训是公司给我的最大福利，也是我成长的最好机会”，刘成良对此深有感触。

无论是3M公司的班查特·A·德鲁，还是传化集团的刘成良，都在向人宣示这样一个启示：照他们那样去做，其他职工也可以这样成功。

作为企业对外的象征

成为一个企业文化形象的代表，成为真正的文化代言人，帮助企业在外部树立鲜明的企业形象。

苹果公司的乔布斯

乔布斯一直是苹果公司的外部象征，是苹果公司不折不扣的文化代言人。他带领苹果公司始终追求为顾客奉献最完美的产品，他先后带领员工开发出了麦金塔什台式机、iPod、iPad、iPhone 等被市场热烈追捧的划时代电子产品，成为苹果公司、IT 界，乃至全球企业中创新和追求完美的象征。

新东方的俞敏洪

俞敏洪则是新东方精神的不二代言人。人们一提到新东方，就会联想到俞敏洪，就会想起他在向全世界不断宣扬的一句话或者类似的话：相信奋斗的力量。而这句话正是新东方的文化核心，也是新东方向所有的学生或者说客户希望传达的基本价值。

保持企业的核心特色

英雄人物不仅仅能够成为企业对外部世界的象征，还有助于企业文化凸显其核心特色，从而有助于企业的员工准确理解和轻松把握公司文化的核心特征，使企业的核心文化能够常驻在公司员工的记忆中，为企业的发展提供灵感和动力。

GE的托马斯·爱迪生

人们一想到托马斯·爱迪生，第一个感觉就是众多的伟大的发明，想到伟大发明对人类进步的巨大贡献，实际上这正是GE公司区别于其他公司的最大特色，也是GE最核心的价值观。

阿里巴巴的马云

说到阿里巴巴，人们心目中会马上浮现出马云那张古灵精怪、激情飞扬的脸，会感受到一股子浓浓的江湖道义的味道，这正是马云的特点，也是阿里巴巴的特点。马云把这种江湖义气植入到了他的日常行为当中去，对客户，对公司，对员工，对股东，甚至对朋友、家人也是如此。而阿里巴巴将这种江湖义气植入到了自己的日常经营管理行为中去，大到公司战略、价值观、使命、远景；小到开发一个产品，发布一个制度，都很好地诠释了这种江湖义气。如“让天下没有难做的生意”这一使命，你说这句话太狂妄也罢，过于自信也好，这些都不重要，重要的是这是马云和全体阿里人发自内心的想法。好比你在武林中随便问一个大侠：“你的使命是啥?”我想，他们都会说类似拯救武林，为民祈福，除暴安良这样的话。

设定日常工作的标准

英雄人物有时代表着企业最重要的工作标准，或者说英雄人物有时起着为企业最重要的工作设定标准的作用，由于英雄人物的存在，企业某种与之相关的工作标准因此而深入人心。

张瑞敏给海尔设定的质量标准

1985 年，在电冰箱在市场上还是非常紧缺的时候，青岛海尔公司因为电冰箱的质量问题遭到退货，张瑞敏没有把质量有问题的冰箱回炉再生产，也没有听其他员工的建议把有问题的冰箱作为福利发给员工，而是召集全体生产人员，亲手将有质量问题的 76 台冰箱当众砸掉。从此以后，高质量、零缺陷成为海尔人铭记在心的文化信念。

埃德·卡尔逊为联合航空公司管理者设定的标准

当埃德·卡尔逊接管问题成堆的联合航空公司的时候，联合航空公司已经因为严重的官僚主义几乎无法运行。卡尔逊知道他得激励每个人——下至行李搬运员，上到高级经理——所以，在他上任的第一年，卡尔逊行程十八万英里巡视联合航空公司的各地设施，到每一个工作岗位上与最基层的员工交流自己关于联合航空经营的打算，并鼓励所见到的每一个员工在自己的岗位上好好干。埃德·卡尔逊以自己的行动为联合航空公司所有的管理者确立了新的工作标准，一种反对官僚主义，提倡现场管理的新标准。

■ 激励员工的有效手段

每个人内心深处都存在着一种英雄主义情结，每个人都想成为英雄，而英雄的事迹对于梦想成为英雄的人来说具有明显的激励引导作用，很多人会模仿英雄的做事方式，并因此而感到激动不已。

韦尔奇的激励方式

在韦尔奇还是一个班组头目时，就在自己的办公室里设置了一台专供自己所在采购小组里的采购代理人使用的专线电话，一旦代理人从供应商那里争取到一点点价格让步，他们就可以拨打专线电话给韦尔奇本人，这时候无论韦尔奇在干什么，他总会停下自己手头的事情接电话，并说“好！惊人的消息，你把钢铁的价格每吨降低了五美分”。接着马上坐下来给这位代理人写一封郑重其事的贺信。韦尔奇不只是利用这种象征性行动把自己扮成英雄，他也把每一个采购代理人改造成了英雄。

第二节　企业英雄的分类

根据英雄人物产生的方式可将企业英雄划分为两类：一类是天生的企业英雄，也称为全面全能式的英雄；一种是人为造就的企业英雄，也称为情景式英雄。

天生的企业英雄

天生的企业英雄被阿伦·肯尼迪称为梦幻式英雄，对一个企业的影响是长期的，甚至可以说是永恒的；不仅是广泛的，甚至可以说是无处不在的。梦幻式英雄往往是一个企业的人格化标志，是公众认可的、企业永久的形象代言人，体现了企业最高的哲学和最特色的个性。梦幻式英雄不仅在企业内部产生深远的影响，同时还往往对所在的时代和国家造成深远的影响。

天生的梦幻式英雄如福特汽车公司的亨利·福特、宝洁公司的哈莱·普罗克特、松下公司的松下幸之助、华为公司的任正非、海尔公司的张瑞敏、联想公司柳传志等。这些人的产生，受到其各自所在的国家精神、社会价值观的熏陶，他们的精神和价值观转而又成为其所创建企业的精神和价值观。

这类英雄的主要贡献不在于创建了一个世界级的企业，也不在于为企业创造了巨额的财富，而在于通过自己所创建的企业将自身的价值观和精神给予了世界，给予了所在的社会，成为国家精神和社会价值观的重要组成部分。他们的经营管理思想改变了我们所在的世界，即使在他们去世很多年以后，我们依然可以感受到他们价值观的作用无处不在，同时，他们的形象也随着他们的逝去而日益高大起来。

爱迪生的继任者查尔斯·斯坦梅茨

GE 公司是一个要求人们公平相处、相互亲善的企业，这种文化因为查尔斯·斯坦梅茨而深深扎根GE公司。当年轻的工程师加盟GE时，斯坦梅茨会在周末邀请他们到自己的家中，诚恳而不带政治意图地了解他们。他曾经收养了一名有才能的工程师为他的继子。这个工程师与他的家人全都搬进了斯坦梅茨的住宅并同他生活了二十年。

用木槌砸出蒸球化皮机的中国胶王刘维志

东阿阿胶是中国阿胶行业的领军者，也是让阿胶这一过去只有达官贵人才能够享受到的滋补国宝进入寻常百姓家的伟大企业。让阿胶走入寻常百姓家，造福亿万民众，一直是东阿阿胶人的追求使命，而这一使命的最好的体现就是被誉为中国胶王的前东阿阿胶董事长刘维志。

刘维志到东阿阿胶厂时厂里还在用大铁锅熬胶，冬天工人光着膀子用大铁铲搅翻驴皮，化皮时间需两天两夜，烧煤挺多，很是浪费。工人站在锅台上，铁铲的把儿以膝盖为支点才能搅动锅中的化胶，因水汽太多，烟雾弥漫，曾有几个工人失足掉进锅里两腿致残。

刘维志进厂不久就开始思考如何由手工改成机械化？通过到处查资料、参观相关企业，一个灵感在他的脑海逐渐形成。他徒手画出了图纸，却没有资金让别人制造，刘维志就自己买了8毫米厚的钢板，和工人们一起，垒起大火炉，抽着大风箱，烧红钢板，抡起大木槌砸成锅底状，一槌子下去，火星飞迸，浓烟骤起，工人们一个个浑身乌黑，像是烤糊了的地瓜。汗像断了线的珠子流淌个不停，一个晌午就喝下半桶凉开水。刘维志和工人们轮着班，挥舞着8斤重的木槌，没日没夜地干了几十天，竟然奇迹般地造出了机械化皮的关键设备——蒸球，蒸球化皮机的诞生使工作效率提高了30倍。

蒸球化皮机的发明是阿胶生产由手工作坊式生产进入大工业化生产的标志。

梦幻式英雄一般具备以下几个特征：

第一，具备惊人的直觉，总能够代表正确的方向，是新产品、新经营方式、新生活方式的创造者。

IBM公司创始人托马斯·沃森

20世纪30年代，当整个美国深深陷入不景气，无数人失业的时候，沃森却开始雇佣那些他碰巧遇到的推销员，当别人问他为什么时，他回答“这是我的爱好”。他无视不景气，确信更多的销售人员可以促成更大的销售额。他是正确的，尽管当时所有的征兆都表明那样做是错误的。

万科创始人王石

21世纪最初几年，正是中国企业热衷于多元化的时期，而万科的王石却反其道而行之。王石主导下的万科进行了共包括三个方面的战略性调整：第一是从多元化经营向房地产集中；第二是从多品种经营向住宅集中；第三是经营重点由12个城市向北京、深圳、上海和天津集中。也就是说，万科走的不仅是经营领域的专业化，也是地域集中化的战略之路。

对于外界担心的万科主业单一的风险，王石不以为然：“麦当劳、可口可乐、沃尔玛，麦当劳是经营连锁店，可口可乐是经营无酒精饮料，而沃尔玛是连锁超市，从以上三个企业看不出专业化经营有什么风险。单一主营是否会产生风险，主要是看市场，中国的房地产市场刚刚起步，在这样大的一个市场中就不会有多大风险。”随后的十年，王石的预言一一得到应验。

第二，具备坚忍不拔的性格，不达目的决不罢休，有时为了实现自己的梦想不惜豪赌和冒险。

通用汽车公司的威尔·杜兰特

威尔·杜兰特一直想成为美国最大的汽车公司，从创立开始就一直不停地收购其他小的汽车公司，一直在想方设法增加汽车产量。1908 年，美国处在严重的经济衰退之中，但是，通用汽车公司的威尔·杜兰特继续在制造汽车，即使当时并没有买主。这项冒险行动几乎把羽毛未丰的通用汽车公司推到了破产的边缘。但当汽车市场在 1909 年回升时，别克汽车的库存使它在汽车市场的销售竞争中独占鳌头。

中国的汽车疯子——吉利集团创始人李书福

李书福曾在不同的场合表示：“我一直就很喜欢汽车。甚至在很小的时候，在我们四兄弟的床下，就有用泥巴做成的汽车模型，高兴的时候还用绳子牵着它满地跑。”看来，李书福的汽车梦从小就开始做了。

为了实现造车梦想，早在 1989 年，李书福便花 6 万元买了一辆深圳产的中华轿车，一番“庖丁解牛”后，李书福看了看，感到汽车也没什么东西嘛，无非“四个轮子一个方向盘，一个发动机，一个车壳，再加里面两个沙发。”

1994年，李书福甚至组装了他人生中第一辆“奔驰”——“吉利一号”。这一次，李书福也是从拆车开始的。他把自己刚买的一辆新奔驰，大卸八块地给拆了，一同被拆的，还有他送给下属的红旗轿车。

拆了车的李书福，又把自己从国外收集并偷偷带回来的发动机、方向盘、安全气囊以及一些电子电气设备，拿来好好研究。

之前，为收集造车所需的汽车零配件，李书福曾受尽了白眼。在那个年代，汽车零部件都是国家的汽车公司所掌控的。有一次，李书福想去上海大众慧众零部件汽车公司采购零部件。对方问李书福：“你要零配件生产什么样的轿车?”李书福答：“中高档轿车吧?”对方一听，以为李书福有病，借机走开了。李书福就一直坐在那边干等，等了一个多小时后，李书福还以为对方上洗手间去了。最后，无果的李书福只得灰溜溜地回去了。

经过近半年的反复拆装研究，李书福觉得已经掌握了汽车的基本构架，于是开始造他的“吉利”牌“奔驰”汽车——外形仿奔驰，底盘用红旗的，零部件自己组装。那时李书福钣金手艺好，经他敲敲打打，与奔驰类似的汽车外壳也造出来了。最后，当李书福一榔头一榔头敲出来的吉利牌“奔驰”车诞生时，李书福特意给这辆车命名为“吉利一号”。

每当李书福开着自己造的车出现在公众面前时，人家都看不懂，说看看像奔驰又不像奔驰，搞不懂。李书福的“吉利一号”也在台州引起了轩然大波。没几天，他就接到有关方面通知：李书福造车不合法，停止生产。

之所以一开始便遭遇“滑铁卢”，主要是因为当时李书福及其作为民企的吉利集团，还没有在国内生产汽车的资格许可。

即便是“黑户”，自从有了最初的造车尝试后，李书福也决意要不顾一切造汽车了。

1997 年，李书福大着胆子宣称自己要投入 5 亿元来生产汽车，却招致一片嘲笑。很多人都认为李书福“疯了”，这无异于“自杀”，没有技术，没有人才，没有政策，才几亿元资金就想造车？即便这 5 亿元，后来媒体也普遍认为当时李书福只有 1 亿元启动资金。

被人称为“疯子”和“狂人”的李书福却知其不可为而为之。他跑到台州一个下属县级市临海建起了一个面积超过 800 亩的制造基地，名义上说是要生产摩托车，在工厂里却整日琢磨着如何造汽车。他回应别人质疑的话也被当做一句狂言：“汽车不就是摩托车再加上两个轮子吗?”

但最初造车时，李书福还是遇到了巨大的困难，因为大家都不相信他能造车，技术和人才都难以聚集。李书福也坦言：“谁是专家？就我一个专家，我就自己动手，自己画图，自己试制，自己试车，什么都自己来，带领几十个人，大家冲锋陷阵。”一帮追逐梦想的人，跟着李书福每天晚上干到天亮，一个座椅装不上，都得试几百次。不久后，“小米加步枪”的李书福，还真造出了一辆车。

1998 年 8 月 8 日这一天，吉利“豪情”在临海的工厂下线，但剪彩仪式却颇为冷清，到了快 10 点钟了还没有嘉宾前来。原因很简单：当时李书福的汽车还没有拿到“准生证”，严格地说，还是“非法”生产，很多人不敢来。“他摆宴100桌，向全国官员及经销商发出700张请柬，结果只来了一位浙江省的副省长，90多桌菜肴受到冷落”，有人回忆说。

当时，很多人不敢来，更多人压根就不相信李书福这简陋的汽车能跑起来。一位大型国有汽车集团的老总就曾放言：“没有一不怕苦、二不怕死的精神，就别开吉利车”。

另一个在汽车业广为流传的例子是，1999年，主管工业的国务院副总理曾培炎到吉利视察。为了拿到汽车生产权，李书福对曾培炎慷慨激昂地说：“请允许民营企业大胆尝试，允许民营企业做轿车梦，几十亿元的投资我们不要国家一分钱，不向银行贷一分钱，一切代价民营企业自负，不要国家承担风险，请国家给我们一次失败的机会吧!”此时的李书福，充满独孤求败的悲壮。

曾培炎静静地听着，最后说了一句话，“我不反对你们造车。”正是这句话，让李书福看到了新的希望，更坚定了造车的意志，有了“把民企造车进行到底”的决心。

苦心人，天不负。2003年1月28日，经过18个月的设计研发和生产，第一辆国产跑车——吉利美人豹在台州下线，打破了中国没有国产跑车的历史。宁波基地也曾生产了一款叫“优利欧”的汽车，据说此名为李书福本人所取，其意为“优于夏利与赛欧”。

第三，将企业视为生命，为企业而活，为了企业发展愿意放弃一切、改变一切，只为追求企业的成功。

托马斯·沃森的老师，NCR 公司的约翰·帕特森

帕特森为了找出一名流动推销员成功的原因，就与这名成功的推销员一起旅行，一边观察一边做笔记，了解他的销售语言和销售行为，总结他的销售秘诀，然后他开办了一所学校，培训其他销售员，使他们记住这些诀窍。帕特森花了四十多年以了解销售到底是怎么一回事，并把这些教训灌输给他的员工。

有一次，为了找出员工工作消极的原因，帕特森把自己的办公桌搬到车间。经过几星期，他发现是恶劣的工作条件使然。为了解决此问题，他彻底打扫工厂、安装专门的盥洗设备和建立内部休息室，并开设了一个有补贴的职工自助食堂。

三星电子的李健熙

李健熙，三星集团董事长（会长），1942 年出生于韩国庆尚南道宜宁，1965 年毕业于日本早稻田大学经济系，1966 年于美国乔治·华盛顿大学完成了经营学硕士的课程，2000 年成为汉城大学的经营学名誉博士。他将三星电子（Samsung Electronics）从低质量的大规模生产商，改造为亚洲最有价值的科技企业。“改变一切，除了妻子和孩子。”——这是李健熙于 1993 年对员工说的一句话。他从 1993 年开始推动了三星从 LOGO 到经营模式、到作息时间、到五天工作制等全方位的改革。

梦幻式英雄是非常稀缺的，一个企业也不一定有一个。梦幻式英雄是全体员工的指路明灯，是文化氛围的发生器。梦幻式英雄所

处的地方，总是存在着浓浓的文化氛围。在文化建设过程中，与梦幻式英雄相关的故事、实物等需要及时收集整理并悉心保护，这些都是一个企业文化建设最好的资源。

人为造就的企业英雄

阿伦·肯尼迪将造就的英雄称为情景式英雄，是企业在特定时期发现和树立的经营管理实践中最好的典型角色。梦幻式英雄为全体职工照亮道路，但他们的影响是广泛性和哲理性的；而情景式英雄则作为日常工作成功的样板鼓舞员工，为他们提供针对性和具体性的指引。

情景式英雄多种多样，分类也很难统一，按照功能部门设立是一种比较常见的分类方法，例如研发英雄、生产英雄、销售英雄、采购英雄、财务英雄、人力资源英雄等。

东阿阿胶坚守质量标准的质检英雄——章安

章安在担任东阿阿胶质量检测部门负责人时，一直严格坚持公司质量标准，对于不合格的产品坚决不容许流向市场，即使总经理干预也不能违反原则。1974 年有一批黄明胶，水分含量好像就是比规定的标准 15 多出来一点，正好有一个单位急着要，总经理刘维志想水分超过一点在路上可以挥发的，就把货发出去了。后来章安知道了，就跑到传达室把大门锁了起来，当时作为厂领导的刘维志一着急，拿了把斧子把大门砸开了，让运送产品的货车开走了。章安就打电话到那个单位，说货不合格，后来人家还是给退了回来。

奇正藏药坚守藏区的生产英雄——才让扎西

“传承藏药，关爱健康”一直是奇正藏药追求的使命，作为奇正藏药创始人之一的才让扎西，爱人孩子都在北京，生活非常幸福，但为了西藏林芝制药厂生产运营、为了药材基地的建设，才让扎西在生理上忍受着长期失眠、鼻子出血等高原反应，精神上忍受着与妻儿相思之苦，一直默默地工作在奇正藏药林芝药厂。因为扎西厂长的苦心经营，不懈坚守，偏处一隅的小小林芝药厂成为了名满天下的明星制药厂，4 万亩的药材基地也已经硕果累累。

从文化的角度出发，按照企业的使命、愿景、价值观设立是一种常见的分类方法，例如有厚道做人方面的英雄、有地道做事方面的英雄、有传承方面的英雄、有创新方面的英雄、有忠于职守的英雄、有团结协作的英雄等。不同的企业有不同的做法，一旦做成功均能够殊途同归。

东阿阿胶的敬业典范——拼命三郎沈渴望

东阿阿胶使用的电脑考勤软件，由于标准软件与公司情况不匹配，需要对软件进行一些调整，但软件公司不愿意对标准软件进行调整，如果让软件公司重新组织技术人员开发的话费用得 5 万元。作为东阿阿胶信息技术人员的沈渴望于是决定自己根据东阿阿胶的实际情况进行二次开发，沈渴望凭着股韧劲儿，找同学、问朋友，白天黑夜连轴转，硬是用了 23 天的时间把系统设计完成。这 23 天几乎没有回过家，吃就在公司伙房或门口，住就在办公室，其实那时的家就在一路之隔的家属楼区。以后沈渴望又用同样的精神逐渐地将计算机应用到人事、库房、财务、质量、生产、能源、计量、销售等部门，使东阿阿胶的信息化建设走在了全国企业的前列。

净雅为客户创造价值的典范——张宇菲

张宇菲是净雅餐饮有名的服务英雄，她有很多让客户感动的故事。一次服务一对庆祝结婚纪念日的中年夫妇，张宇菲请厨房师傅为客人刻了苦瓜戒指，表达了一起吃苦的幸福；并且调制了两杯蜂蜜水，表达了平凡中的生活也有甜蜜。又召集服务人员集体为中年夫妇演唱了一首《一生有你》。夫妻俩一直紧紧地抱着，眼眶都湿润了。一次在服务中得知客户父母要外出旅游一周，张宇菲打印了当天的飞机航班和火车时刻表、当地星级酒店和各大景点介绍以及近一周的天气预报，一起送给了客人，当客人看到这些细致的准备时，感到万分惊讶。一次服务一对年轻夫妻，发现妻子挺着大肚子，急忙送上靠垫、又为她准备了最适宜孕妇的柠檬水。她向传菜师傅要来了一套宝宝椅宝宝餐具，摆在了准爸爸、准妈妈身边。餐中得知夫妻两个都是属牛的，即将到来的也是一个牛宝宝……细心的张宇菲想起自己最喜欢的《三只小熊》，于是张宇菲为客户现场演绎了一首《三只小牛》，伴随着歌声就餐的气氛达到了高潮。

第三节　英雄人物的塑造原则和雷区

一些英雄是“天生”的，并成为企业传统中的一部分，例如：

托马斯·沃森和IBM，威尔·杜兰特和通用汽车公司，洛克菲勒和标准石油公司，亨利·福特和福特汽车公司，任正非和华为技术公司，柳传志和联想集团，张瑞敏和海尔集团等。

但是，天生的英雄毕竟数量有限，企业的大部分英雄是“后天”和“人为”造就的。他们也是普通人，只不过因为在某些方面较好地体现了企业的文化被企业选定并通过表彰和仪式而被涂上了“圣油”和“光环”。选择“合适”的人并以正确的方式加以“塑造”是企业文化管理者必须具备的管理能力。

企业英雄人物的塑造一般要遵循以下基本原则

按照企业文化要求选择人

企业塑造的英雄人物是需长期供员工学习和膜拜的，一旦树立，就需持续相当一段时间，所以英雄人物的选择一定要保证是符合企业价值导向的。

遗憾的是，太多公司塑造的英雄却是不合适的人员，这些英雄所发出的讯息是与公司企业文化相冲突的讯息。其中，**赶潮流和唯业绩方式树立英雄人物，是很多企业最容易进入的英雄塑造雷区。**

在美国，20世纪60年代是收购兼并盛行的年代，那些手握铅笔的财务人员拥有着得天独厚的条件。20世纪70年代是战略规划盛行的年代，那些张口闭口“明星”、“瘦狗”、“现金牛”之类术语的MBA占据了企业的高位。这其中存在的危险是很明显的，企业要想成功，就必须停止这种赶潮流式的提拔方式，而代之以提拔可体现企业文化中核心价值观的人。

另一种常见的误区是，完全按照业绩的标准树立英雄人物，将业绩英雄等同于文化英雄，以业绩文化取代企业文化。这是目前中国企业普遍陷入的一个误区，也是一种非常危险的信号。业绩从长期来看和企业文化是一致的，因为一切优秀的企业文化一定是能够为企业带来长期良好业绩的文化。但是，从短期来看，良好业绩所代表的方向与企业文化所代表的方向并不完全一致，有时甚至是矛盾的，这是企业短期业绩和长期业绩所固有的矛盾所致。一味跟着短期业绩走，就会使企业陷入功利主义和短期行为导向。

从文化落地的角度而言，无论采取何种分类方式，企业情景式英雄的设计必须要考虑到企业价值理念的要求，至少要保证企业核心价值理念的每一方面都要有代表性的英雄人物；否则，企业价值理念的落地就会出现盲区，一些没有英雄人物的价值理念就会逐渐被人忽视和淡忘。

■ 与企业的奖项设计相结合

除了极个别的天生式英雄人物外，大部分英雄人物是从普通人中选择出来的，在被认定为企业英雄之后，需要有一种加冕仪式使之变得与众不同，使之身后生长出英雄的“光环”，这样才能够在文化落地过程中发挥英雄的作用。而企业奖项以及授予奖项的表彰是最好的加冕仪式，所以企业英雄的塑造一定要和企业的奖项设立相结合，按照英雄人物塑造的需要设计奖项，通过奖项和授奖仪式给英雄人物涂上“圣油”，两者需密切结合。

这方面出现的误区常常有两个：其一是缺少相应的奖项和表彰仪式，其二是企业奖项和英雄人物树立之间缺少必要的关联，导致油水分离。造成这种问题的原因大多是由于企业文化管理职能和人力资源管理职能分离，英雄人物树立归属文化部门，奖项设立归属人力资源部门，两者在现实管理中需要统一筹划。

与核心岗位的设定相结合

企业的英雄人物不但要通过奖项和表彰仪式进行加冕，还要在人事使用中加以重用，或者说，企业英雄人物的选择一定要和企业的战略人才储备、企业关键岗位的设置相结合，能够成为企业英雄的人一定是与企业在文化及战略方向双重符合的。

很多公司会在自己的核心工作岗位中选择潜在的英雄候选人，或将选定的英雄调到核心的工作岗位上——这些工作岗位正是企业文化的核心所在。当人们看到什么样的工作岗位可以造就英雄时，便会充分发挥自己的主观能动性。他们知道企业对自己的期望是什么，因而富有创造性。经过一段时间之后，企业便会充满生机、蒸蒸日上。因此，找到这样的岗位并增加它们的清晰性是英雄塑造过程中的一个必要条件。

宝洁和IBM的“岗位英雄”

在宝洁公司，**品牌经理**和哈佛毕业的博士一样受到尊敬，那是年轻人向往的工作；在IBM公司，形成企业文化的有效范式就是从数千名新员工中挑选出一些人进入快速通道，让他们担任为期一年的高层经理助手。很明显，他们中的每个人都是英雄人物的候选人，在一年的工作中，这些未来的英雄们负责回复客户的投诉信。这难道不是莫名其妙的奖赏吗？其实不然，这种做法的作用看起来不那么明显，实际上它增强了这些新员工的敏感程度：IBM公司把客户服务看得至关重要。

第四节　英雄人物的事迹传播与经验推广

树立和塑造英雄人物本身不是目的，目的是通过树立和塑造英雄人物，进而传播企业文化，让更多的人认同企业文化，并追随英雄人物实践企业文化。所以英雄人物的树立仅仅是第一步，紧接着更为重要的是对英雄人物的开发和运用，即把英雄人物的事迹整理成文化故事进行传播，将英雄人物的做事方式整理成经验模式进行推广。很多企业只是做完第一步就草草了事，英雄人物的作用完全发挥不出来；在此方面，我们的政府和军队有着很好的借鉴经验。

■ 英雄事迹的传播

英雄事迹首先需要广泛传播。这一点我们的政府做得很好。每当要树立一个英雄人物的时候，国家主流报刊、杂志、广播、电视总是能够立体地、密集地加以有效传播。中央电视台新闻联播的“时代先锋栏目”即为常年宣传国家级英雄人物而设立的；另外，“英模报告团”形式也是政府创立的很好的传播形式，这些经验都值得企业在内部进行借鉴。

从长期来看，英雄事迹的传播方面值得借鉴的经验还有像 NBA 建立“名人堂”，将在企业发展历史上有着卓越贡献、代表着企业鲜明文化的英雄请进“企业名人堂”；将英雄事迹汇集成《企业英雄谱》出版；将英雄人物用过的工具器物，甚至工作场地细心保留下来，常年陈列展出等，这都是比较有效的长期传播英雄事迹的方式。

从短期来看，英雄事迹的传播可以通过设立企业英雄榜来实现。定期更新英雄榜，把不断涌现出来的新的企业英雄的事迹通过英雄榜宣扬出去；在企业内部刊物和网站上设立企业英雄人物专栏，每年单独出版年度英雄人物事迹汇编等形式也是常用的传播方式。

故事也是传播英雄事迹的最好载体，及时收集英雄事迹并整理成生动的故事，是企业文化工作者的常规任务。

英雄经验的推广

英雄事迹的传播是为了让大家认同，而认同的目的是为了让大家学习。仅仅通过事迹是很难学习的，因为事迹往往都是在特定时间、特定地点、特定情境下发生的。要有效地学习英雄，还必须对英雄的精神内涵和做事方式进行总结提炼，形成具有广泛适应性的思维和行为模式才能够被推广应用。而英雄的思维和行为模式往往不是显而易见的，需要企业进行有组织的研讨和总结。建国初期，纺织工业战线对纺织系统英雄人物郝建秀的经验总结就非常经典。

郝建秀工作法

"郝建秀细纱工作法"Hao Jianxiu team work（又称"五一细纱工作法"），简称"郝建秀工作法"，作为建国初期纺织工业战线上的一面旗帜，曾大大鼓舞了广大纺织职工的劳动热情和生产积极性。在"郝建秀工作法"的影响下，一个"能手成林，标兵机台成列、表演竞赛成网、互助协作成风、先进经验成套"的生动局面很快形成，一大批英雄模范人物纷纷涌现。

郝建秀工作法的四条主要经验是：①有正确的劳动态度，工作认真负责；②虚心学习，肯动脑筋，提高技术；③工作有计划，善于分配劳动时间，能分别轻重缓急进行操作；④不浪费劳动时间与劳动力，做到一切以减少断头为中心，以少出皮辊花为目的。1951年8月17日至19日，纺织工业部和全国纺织工会在青岛联合召开细纱职工代表会议。在这次会议上，"郝建秀细纱工作法"被正式命名并决定在全国推广。

第八章　如何让理念变得可操作

——行为与规范

第一节　关于员工行为规范的研究

■ 行为规范是做人做事的规范

现代社会的各种活动均是建立在分工协作的基础上，随着生产社会化的发展，现代化大生产的分工协作愈来愈细。没有分工协作，也就没有现代化生产。怎样才能分工而不“分家”、“协作”而不扯皮呢？这就需要行为规范来确立成员之间的分工协作关系。

行为规范，是社会群体或个人在参与社会活动中所遵循的规则、准则的总称，是社会认可和人们普遍接受的具有一般约束力的行为标准。它包括行为规则、道德规范、行政规章、法律规定、团体章程等。行为规范是在现实生活中根据人们的需求、好恶、价值判断，而逐步形成和确立的，是社会成员在社会活动中所应遵循的标准或原则。由于行为规范是建立在维护社会秩序理念基础之上的，因此对全体成员具有引导、规范和约束的作用。引导和规范全体成员可以做什么、不可以做什么和怎样做，是社会和谐重要的组成部分，是社会价值观的具体体现和延伸。

■ 对行为进行规范是合作的前提

现代社会关于人的行为方面存在着一对相互矛盾的要求：一方面，

从整个人的个性解放的角度而言，主张人在行为方面可以存在较以往更多的尝试，可以做许多原来不能做的事情，人类的行为进入越来越多样化的时代，整个社会也随着人类行为的多样化进入五彩缤纷的时代；另一方面，从整个社会相互之间融洽与协作的角度、从提升组织效率的角度而言，我们所处的社会比以往有着更多的对于彼此行为的约定。这两种现象同时存在于我们的时代，而且相互之间不可或缺。

对于整个人类来说，只有拥有多样化的行为才会有多样化的创造、多样化的物质世界和精神世界以及多样化的生活，这几乎是谁都明白的道理，也不是本书所要关注的重点。

行为的一致性对于现在社会的重要性丝毫不逊于多样性对社会的重要性，说得夸张一点，现代人行为之间的相互一致性、相互之间的约定是现代物质财富极大化的前提，是人类富有创造力、富有效率的生产方式的前提，是社会分工的前提。在社会分工未形成前，人们相互之间不需要太多的约定，但分工产生后，相互之间常常为一个共同的目标进行生产、研究、销售等。如果相互之间只有生活上的约定，而没有生产上的约定，没有更多行为上的约定，企业的生产活动就难以持续，社会分工所带来的效率就不可能实现。随着社会分工的精细化，员工彼此之间需要的协同就越多，只有相互之间的协同能够实现，分工带来的效率才能实现。

作为企业行为文化最丰富、最集中、最重要的行为规范，在企业的发展中起着越来越重要的作用，它可以使公司内部的沟通和协调更容易实现，可以增强企业内部凝聚力，可以提高整个企业的工作效率及工作质量。企业的发展壮大与成功都离不开一套系统、科学、严密的行为规范体系，其重要性已被越来越多的企业所认识。一个健全完善、符合时宜的规范体系，能够实现规范员工行为，使各项工作有章可循，提高管理效率与水平，形成一种积极、良好的企业文化。正确的规范体系建设，可以大大提高企业的管理效率、决策效率与实施速度，从而提高企业的生存能力与竞争能力。

行为规范的分类

企业员工基本行为规范是企业文化核心理念的外化和显现，是企业员工在职业活动过程中，为了实现企业目标、维护企业利益、履行企业职责、严守职业道德，从思想认识到日常行为必须接受和执行的基本行为准则。本书根据行为规范内容的不同，将其划分为三类。

第一，员工作业规范，主要用于规范员工的业务操作行为，旨在指导员工把事情做正确。

1. 服务作业类行为规范，例如海尔工程师上门服务规范，具体规范如表 8 – 1 所示。

表 8 – 1　海尔工程师上门服务规范

工　步	工作标准	可能遇到的问题	解决措施
接活	保证用户信息准确，用户信息包括：用户姓名、地址、联系电话（或传呼、手机等）、产品型号、购买日期、故障现象、用户要求等	信息不详细，如地址不详、电话错、无产品型号、无购买日期、故障现象不详等	首先同派工的信息员或调度核实，如核实不到则直接联系用户核实

续表

工　步	工作标准	可能遇到的问题	解决措施
对用户信息进行分析	根据用户反映的故障现象分析可能的故障原因、维修措施及所需备件	有可能用户误报或使用不当，可以电话咨询而不需要上门	电话咨询、指导用户正确使用，2 小时后跟踪回访用户使用情况
	根据用户地址、要求上门时间及自己手中已接活情况分析能否按时上门服务	时间太短，不能保证按时到达；同其他用户上门时间冲突	道歉、说明原因，征得用户同意与用户改约时间；若用户不同意，转其他人或反馈中心信息员
	此故障能否在用户家维修？是否需拉修？是否需提供周转机	有可能无法在用户家维修，需要拉修	直接带周转机上门
出发	出发时间根据约定时间及路程所需时间确定，以确保到达时间比约定时间提前 5 至 10 分钟	出发晚导致不能按时到	根据约定时间及路程所需时间倒推出发时间
放好工具箱	找到一个靠近产品的合适位置，在保证工具箱不弄脏地面的前提下放好工具箱，取出垫布铺在地上，然后将工具箱放在垫布上。安装时，用盖布盖在附近可能因安装而弄脏的物品上	工具箱、垫布太脏；工具箱内工具不整齐、乱；零部件放置杂乱、脏	出发前自检
耐心听取用户意见	耐心听取用户意见，消除用户烦恼 服务语言规范，要求： 语言文明、礼貌、得体 语调温和，悦耳、热情 吐字清晰，语速适中	用户恼怒，情绪激动 用户拒绝修理，要求退换	耐心、专心听取用户发泄，眼睛注视用户并不时应答，让用户知道你在认真听。 弄清用户不让修的原因，从用户角度进行咨询，打消用户顾虑，让用户接受检修服务

续表

工　步	工作标准	可能遇到的问题	解决措施
故障诊断	严格按公司下发的相关技术资料，迅速排除产品故障；能在用户家修复的现场修复；不能在用户家维修的，委婉向用户说明需拉回修，并提供周转机；对需拉修产品外观进行检查，出示欠条并签字	1. 小修不让换件 2. 用户不让拉修，怀疑将好件给换掉或怀疑产品有大毛病而不让维修 3. 在维修中遇到新的问题	1. 向用户解释 2. 以维修后需全面检测为由，讲明拉修的好处，说服用户拉修；如用户就是不同意拉修，则在用户同意的前提下在用户家中修，可让用户记下备件编号 3. 以维修后需全面检测为由，告诉用户需拉回维修，征得用户同意后，为用户提供周转机，将用户产品拉回，提供收条，并跟用户约定送回时间，按规定时间送回
试机通检	保证产品修复正常，且无报修外的其他故障隐患	产品未修复 存在其他故障隐患 没有时间试机	重新检修或拉修 将其他故障隐患一并排除掉 两小时后跟踪回访
产品清擦及现场清理	将产品恢复原位，用自带干净抹布将产品内外清擦干净，并清擦地板，清理维修工具	产品清擦不干净或现场清理不干净 工具遗漏在用户家 产品搬动复位时将地板、产品碰坏	让用户签意见之前，自己要对产品及现场自检一遍 整理工具箱时，自己要对工具箱自检一遍 给用户照价赔偿
软件收费	上门给用户出示收费标准并出示海尔服务政策	上门安装一个月内的 三个月后的，给用户调试	给用户免费调试并培训到位 收费并给用户开具发票或收据

续表

工 步	工作标准	可能遇到的问题	解决措施
……	……	……	……
信息反馈	将《服务任务监督卡》当天反馈至网点信息员处，网点信息员当天将用户结果反馈中心	服务任务监督中“满意”非用户所签或保修记录单未及时反馈 网点信息员信息反馈不及时	网点信息员每日与维修人员对账，对弄虚作假按规定处理，并及时回访用户采取补救措施 中心信息员每天同网点信息员在固定时间对账，并按规定处理

2. 生产一线员工行为规范，例如某注塑车间技术员作业行为规范，具体如表 8－2 所示，它是针对生产一线员工制定的具有行业特点的专项操作规范。

表 8－2　某注塑车间技术员作业规范

配料管理	塑料，色粉，混料机，白矿油分类摆放 原料，水口料分类摆放，标识清楚 色粉标识要清楚明确，混色时先混两公斤材料，以免色粉不对或材料不对造成浪费 两批不同时间料混合，或不同时间的水口料与原料，水口料与水口料混合时，先混五公斤，以免两种料不相融造成浪费 混色机要清理干净，不能有杂料，杂色
碎料管理	水口料需分类分区摆放，碎好料后料代需要及时封口，并标识清楚（注明：原料名称，颜色，碎料日期，碎料员） 做好碎料机的保养，润滑工作 定期半个月检查碎料机固定螺丝，刀片，并注明检查日期，姓名

续表

	更换不同料的水口料粉碎时需彻底清洁碎料机，刀片，碎料时将产品吹干净 避免一切出现黑点的可能，减小浪费 碎完料后保持区域清洁
原料 色粉管理	原料，色粉需标识分类 原料，色粉需要有领用记录 拆包的原料，色粉需及时封袋 制定原料，色粉存放与使用规定 制订料耗指标及补料申请规定 定时对原料，色粉进行盘点，防止物料遗失
注塑车间与工具及喷剂的管理	注塑机车间生产现场“5S”管理 做好生产过程中的巡机检查工作，加大各项规章制度的执行力度 合理安排机位人手，加强现场劳动纪律的检查监督工作 做机器，模具的清洁，润滑，保养及异常处理工作 产品质量及生产数量的跟进与异常处理，做好机位样板，工艺卡，作业指导书及相关资料、各类报表的检查，回收，清理工作 ……

3. 后勤类员工业务行为规范，例如某机械厂后勤类员工行为规范，具体如表 8－3 所示。

表 8－3　江苏省某机械厂后勤员工行为规范

工作形象	在公司内，必须按照规定佩戴工作证以及穿制服
工作制度	员工在工作场所内严禁互相吵闹，扎堆聊天，影响工作者 在上班时间内，严禁吃零食，违者每次罚款 50 元 所有行政人员上下班一律刷卡考勤，请假未满一日者，进出均应刷卡 上班时间一律不允许玩游戏，一经查到，一律开除 上班时间一律不准上与工作无关的网络

续表

工作态度	当日事，当日毕，切勿将自己的工作延误至第二天 每一位行政人员都应当热心接待公司的访客
工作环境	每一位行政人员都应当整理好自己的办公桌，按照已处理，待处理等分门别类整理好自己的各种相应文件 办公室内应保持整洁，地面不得有污渍、垃圾

第二，员工礼仪规范，主要用于规范员工在与人交往过程中的行为，旨在指导员工与周围同事、客户、合作伙伴等建立良好的人际关系。如表 8－4 所示，某企业员工礼仪规范。

表 8－4　某企业员工礼仪规范

仪容仪表	头发梳理整齐，不戴夸张的饰物；颜面和手臂保持清洁 男员工修饰得当，头发长不覆额、侧不掩耳、后不触领，胡子不能太长，应经常修剪 女员工淡妆上岗，修饰文雅，且与年龄身份相符，不宜用香味浓烈的香水 正常工作时间，口腔应保持清洁，上班前不能喝酒或吃有异味的食品 员工在岗时间，除结婚、订婚戒指之外，不得佩戴其他任何饰物
举止礼仪	保持精神饱满，注意力集中 与人交谈神情微笑，眼光平视，不左顾右盼 避免在他人面前打哈欠、伸懒腰、打喷嚏、挖耳朵等 接待来访或领导时，不要双手抱胸，尽量减少不必要的手势动作
电话礼仪	及时接电话：电话铃最好是在响第二声后接起 确认对方：对方打来电话，一般会自己主动介绍。如果对方找的人在旁边，您应说："请稍等。"然后用手掩住话筒，轻声招呼你的同事接电话 接听电话时，应注意使嘴和话筒保持 4 至 5 厘米的距离；要把耳朵贴近话筒，仔细倾听对方的讲话

续表

	应让对方自己结束电话，然后轻轻把话筒放好。打、接电话的时候不能叼着香烟、嚼着口香糖；说话时，声音不宜过大或过小，吐词清晰，保证对方能听明白
名片礼仪	名片递送的顺序：一般由职位低者先向职位高者、晚辈先向长辈、男士先向女士递上名片，然后再由后者予以回赠；在向多人递送名片时应由尊而卑、由近而远，按顺时针依次进行 名片递送时应面带微笑，将名片的正面朝向对方，用双手的拇指和食指分别持握名片上端的两角送给对方并说寒暄语。递接名片时，如果是单方递、接，应用双手；如果是双方同时交换名片，应右手递，左手接
会议礼仪	出席正式会议尤其重要会议，按照公司统一要求着装 准时到会 专心听讲 自觉维护会议秩序

第三，人事合一的规范，既规范做事，同时也规范人际关系。这种行为规范一般比较简明扼要，是员工作业行为规范和礼仪行为规范的综合，以高度凝练的方式提取其关键特点的一种行为规范。这种行为规范只是比价值观稍微具体一点，但是比前面所提到的详细的作业规范和礼仪规范要简单得多，我们一般把这种行为规范称作道德行为规范或者行为准则，如《弟子规》和《三大纪律　八项注意》。实际上企业文化层面所讲的行为规范一般是指这种方式的行为规范，而前两种一般被列入企业制度的分类中。如表 8－5、8－6 所示。

表 8－5 《弟子规》

总 叙							
弟子规	圣人训	首孝悌	次谨信；	泛爱众	而亲仁	有余力	则学文
入则孝							
父母呼	应勿缓	父母命	行勿懒；	父母教	须敬听	父母责	须顺承
冬则温	夏则凊	晨则省	昏则定；	出必告	反必面	居有常	业无变
事虽小	勿擅为	苟擅为	子道亏；	物虽小	勿私藏	苟私藏	亲心伤
亲所好	力为具	亲所恶	谨为去；	身有伤	贻亲忧	德有伤	贻亲羞
亲爱我	孝何难	亲憎我	孝方贤；	亲有过	谏使更	怡吾色	柔吾声
谏不入	悦复谏	号泣随	挞无怨；	亲有疾	药先尝	昼夜侍	不离床
丧三年	常悲咽	居处变	酒肉绝；	丧尽礼	祭尽诚	事死者	如事生

表 8－6 《三大纪律 八项注意》

三大纪律	一切行动听指挥 不拿群众一针一线 一切缴获要归公
八项注意	说话和气 买卖公平 借东西要还 损坏东西要赔 不打人骂人 不损坏庄稼 不调戏妇女 不虐待俘虏

第二节 制定行为规范的两种常规方法

行为规范制定的方式一般有两种：一种是系统演绎式，即以核心价值观为起点，将核心价值观置于系统的工作场景中进行行为演绎，从而得出系统的行为要求；另一种是重点归纳式，即以现实工作中出现的典型问题或以典型的不良行为为起点，对典型问题和典型不良行为出现的地方按照核心价值观的要求在行为上予以规范。

系统演绎式方法比较适合于长期使用，能够全面地对员工行为进行规范，缺点是内容可能较多，重点不突出；重点归纳式方法比较适合于中短期使用，对现实问题进行针对性规范，重点突出，对症下药。缺点是缺少系统性，需经常根据情况进行频繁地修改变动。

价值观加场景的系统演绎法

行为规范本质上是根据企业价值观的精神对员工在行为层面做出的规范和要求，是企业价值观在员工行为层面的具体体现。员工行为规范之所以有存在的必要是因为企业的核心价值观太过抽象，无法用来指导员工的日常行为，企业需要根据价值观的精神，在员工的行为层面进行一些更为具体、更可操作的规定。系统演绎法正是依据这一原则，从企业自身的核心价值观出发，结合典型工作场景进行演绎。系统演绎的经典案例是社会版的《弟子规》和企业版的《阿里巴巴员工行为规范》，即阿里巴巴《六脉神剑》和《九阳真经》。如表 8－7 所示。

表 8－7　阿里巴巴行为规范

价值观	行为描述（员工六脉神剑）
客户第一	客户第一、员工第二、股东第三 走近客户，了解客户，为客户解决问题 建立并不断完善机制确保客户满意
团队合作	平凡人做平凡事，领导者是平凡的；荣誉归团队，责任归自己 建立以结果为导向的团队文化 了解同事，信任同事，营建简单信任的快乐团队

续表

价值观	行为描述（员工六脉神剑）
拥抱变化	变化是一切机会的来源，我们要以乐观积极的心态行动，帮助变化成功 理解变化背后的原因，永远以积极正面的声音传达公司信息；带动团队也能够积极行动 善于从错误中学习，持续改进
诚信	心胸坦荡，清正廉洁，直言不讳 对客户坚守承诺，对同事言行一致，对上级客观真实 建立流程制度，保障组织健康，承担组织健康的职责
激情	追求理想，使命驱动，很傻很天真 在诱惑下坚持使命，在压力下又猛又持久 把自己的激情转化成为团队的激情，积极影响感召团队
敬业	热爱公司，热爱工作 今天最好的表现是明天最低的要求 在团队中营造学习和钻研的氛围，好好学习，天天向上
价值观	**行为描述（干部九阳真经——六脉神剑基础上）**
眼光	会看，看到别人没有看到的机会，防止灾难 会 Sell，让大家参与进来 有结果
胸怀	领导者是寂寞的 胸怀是冤枉撑大的 心态开放，能倾听，善于换位思考
超越伯乐	找对人：知人善用，用人所长 养好人：在用的过程中养人，在养的过程中用人 养成人：造接班人，鼓励青出于蓝胜于蓝

针对现实问题的重点归纳法

重点归纳法制定行为规范的原理是，从企业制定行为规范的最终目的出发。企业制定行为规范，最终目的是为了改变员工的行为，直接的目的是为了改变某些不良习气和行为。依照这一原则，从当前企业中存在的不良行为出发，先重点归纳，然后再重点规范。重点归纳法的经典案例是《三大纪律八项注意》，最新的典型案例是《中央政治局八条规定》。

中央政治局八条规定

——要改进调查研究，到基层调研要深入了解真实情况，总结经验、研究问题、解决困难、指导工作，向群众学习、向实践学习，多同群众座谈，多同干部谈心，多商量讨论，多解剖典型，多到困难和矛盾集中、群众意见多的地方去，切忌走过场、搞形式主义；要轻车简从、减少陪同、简化接待，不张贴悬挂标语横幅，不安排群众迎送，不铺设迎宾地毯，不摆放花草，不安排宴请。

——要精简会议活动，切实改进会风，严格控制以中央名义召开的各类全国性会议和举行的重大活动，不开泛泛部署工作和提要求的会，未经中央批准一律不出席各类剪彩、奠基活动和庆祝会、纪念会、表彰会、博览会、研讨会及各类论坛；提高会议实效，开短会、讲短话，力戒空话、套话。

——要精简文件简报，切实改进文风，没有实质内容、可发可不发的文件、简报一律不发。

——要规范出访活动，从外交工作大局需要出发合理安排出访活动，严格控制出访随行人员，严格按照规定乘坐交通工具，一般不安排中资机构、华侨华人、留学生代表等到机场迎送。

——要改进警卫工作，坚持有利于联系群众的原则，减少交通管制，一般情况下不得封路、不清场闭馆。

——要改进新闻报道，中央政治局同志出席会议和活动应根据工作需要、新闻价值、社会效果决定是否报道，进一步压缩报道的数量、字数、时长。

——要严格文稿发表，除中央统一安排外，个人不公开出版著作、讲话单行本，不发贺信、贺电，不题词、题字。

——要厉行勤俭节约，严格遵守廉洁从政有关规定，严格执行住房、车辆配备等有关工作和生活待遇的规定。

■ 详细规范与粗略规范

不同企业的行为规范具体的呈现形式差别很大，有的企业非常详细，小到握手、问候等具体细节都有明确规定。而有的企业则非常简要，整个行为规范只有几十个字，员工背都能背下来。到底哪一种更适合企业，是详细的好还是简明的优呢?

实际上，单独从行为规范本身来看，无所谓优劣，关键看行为规范的详略是否适合员工的职业化水平，如果员工的职业化程度处在较低的阶段，那么企业的员工行为规范就要制定的详细点。例如长沙某企业曾制定的员工行为规范，在员工行为规范中对于员工“每天起床时间、睡觉时间、刷牙的次数、持续的时间”等生活细节都作出详细的规定。相反，如果员工的职业化程度较高的话，企业的员工行为规范就没必要制定得十分详细，只需要将个别特别重要的事情和可能引起混淆的事情作一下强调和诠释就足够了。例如GE员工行为准则，总计不过百十字。

第三节　管理者行为规范

管理者既是员工，却又不是一般的员工，管理者的行为相对于员工而言，影响更大，对管理者的行为进行规范更有必要。所以，很多企业在制定员工行为规范的同时，会单独制定一套管理者专用的行为规范，将员工行为规范和管理者专用行为规范合并起来就是管理者行为规范。

管理者专用行为规范的制定一般从管理者的基本职能要求入手。德鲁克归纳了管理者的三项基本职能：使企业富有前途；使工作富有效率；使员工富有成就。从这三项基本职能出发演绎推导出管理者所需的关键能力以及关键行为特点，然后予以规范。

华融公司管理者行为规范

1. 完善自我

管理者不能单纯依赖职务权力与公司地位来履行职责，而是更多地依靠威信及影响力来履行职责；管理者的威信及影响力，来源于自我完善。

管理者必须不断地通过自我完善，确立起一系列优秀的品格与才能；必须通过坚定自己的信念、遵守自己的承诺与选择、处处以身作则、虚心听取多方意见、保持公正以及说到做到，获得持久的威信；必须依靠自己的道德修养与才干，获得广泛的影响力，来影响员工、客户、股东与社会，实现公司的使命目标。

2. 以身作则

管理者就是核心价值理念的具体化身，管理者必须身体力行公司的系统做事原则，自觉遵守公司的各种规章制度，努力使自己的日常行为举止成为公司员工处理各种关系的楷模。

管理者必须关注公司成败的关键领域，亲力亲为，努力改善工作质量、保持业绩增长、提高运行效率、强化市场地位，以及建立创新组织。管理者有责任通过自身的影响把员工的注意力吸引到有利于公司的事情上来，树立良好的风气。

3. 发扬民主

管理者必须本着现场第一、客户第一、成果第一与贡献第一的原则，不断深入一线，倾听员工和客户的心声，把握第一手的材料，弄清问题的症结，寻求系统解决问题的对策。

管理者要坚信，解决问题的办法在现场、在一线、在群众那里，不在自己的头脑中；管理者必须摒除内心所有杂念，抛开已有成见，虚心接受各方意见，客观公正地对待各方建议；必须大量地直接获取一手信息，去粗取精、去伪存真、由此及彼、由表及里，才能形成正确有效的决策。

4. 系统思考

管理者无论处在何种岗位、何种部门，必须注重公司整体的成功与成就，学会始终把全局的发展作为思考问题出发点和归属点，把自身的工作任务当做全局中不可分割的组成部分。

管理者必须要有全局观，要胸怀全局做事情，在做好本职、本部门工作的同时，自觉实现跨部门、跨职务与跨专业领域的整体协同，使本职务及本部门的实际贡献，能够带来他部门乃至整个公司更大的成果和成就。

5. 廉洁公正

管理者必须保持自身的廉洁，处处以公司利益为重，以全体员工利益为重，以承担责任、完成任务为重，慎重使用手中的权力。坚决反对任何以权谋私、徇私枉法的行为，坚决反对任何行贿、受贿行为。

管理者必须尽可能客观公正的对待所有下属，按照组织的原则而非个人喜好客观任用、评价和激励员工。管理者可以和员工进行感情交流，但要尽可能避免在评价员工时，以情感喜好代替理性判断。

6. 务实高效

管理者必须直面现实，冷静判断，在一个时期、一个方面，集中精力选择一件最合适的事情去做，并通过在点上做好一件关键的事情推动全局的发展，避免好高骛远，胡子眉毛一把抓。

管理者必须做到自身工作的高效，坚持不懈地追求自身工作效率的改进。管理者还必须时刻关注所在部门以及整个组织的运行效率，确保组织运行着的流程制度能够符合效率的原则，确保下属工作中使用的工具、技术等符合效率的原则。

7. 尊重别人

管理者必须本着关怀和爱心，努力与下属建立一种平等和谐的人际关系，尊重下属的隐私、人格、才能、劳动、贡献与需求，呵护下属的自尊心、积极性与创造性，以此来激励下属的工作。

管理者对下属的不足、缺点、短处、过失不能遮掩庇护，也不能采取简单粗暴方式的处理，管理者要学会通过耐心倾听、双向沟通的方式帮助员工认识问题的所在，鼓励员工进行自我改进和自我完善。

8. 培养团队

管理者在完成分管任务的同时，必须承担起团队成长的责任，耐心地教育和引导下属成长。管理者要帮助下属学习和掌握所在岗位必需的知识、技能，形成良好的职业习惯；帮助下属做好职业生涯规划，培养终生学习的习惯；帮助下属克服成长过程中的心理障碍，培养良好的心理素质，从而把自己所在的团队培育成一个有竞争力的、充满活力的工作团队。

第九章　如何避免独角戏和烂尾楼

——规划、组织与评估

第一节　企业文化落地的规划与部署

企业文化落地是一项时间跨度长、牵涉面广、工作内容复杂的庞大工程，必须事先进行良好的规划和部署，否则，根本无法完成。

■ 选定适合自己的落地策略

所有的企业文化落地都要经历“知信行”三个阶段，需要在正式传播、非正式传播、理念物化、领导垂范、制度匹配、仪式活动、英雄树立、经验推广、行为规范等九个方面开展工作。但是，这九个方面绝不是平均用力，不同的企业各自有自己的重点，而且具体到每一个方面如何开展、如何突破，需要结合企业自身的情况进行选择。所以，企业文化落地需要规划的首要步骤是，根据自身的情况选择落地过程中需要开展的主要工作，并对主要工作制定工作目标。

中国移动的落地重点工作安排

落地总目标可以分解为理念认知与认同的目标、制度与文化匹配的目标、行为与文化匹配的目标和标识与文化匹配的目标四个方面的子目标。

1. 理念认知与认同的目标

目标内涵：全体员工对中国移动核心理念的高度认知，并能够从内心真正认同。

衡量指标：认知度、认同度。

2. 制度与文化匹配的目标

目标内涵：基本形成配套制度保障体系，使文化能够化虚为实，固化于制，渗透到企业经营管理各个方面。

衡量指标：制度与文化匹配度。

3. 行为与文化匹配的目标

目标内涵：中国移动企业理念成为全体员工思想的源泉和行动的指引，员工能够以核心理念作为内在的价值判断标准，富有激情，勇于超越，甘当重任。

衡量指标：员工行为与企业文化行为要求的相符度。

4. 标识与文化匹配的目标

目标内涵：建立起以充分体现企业核心理念体系的内外环境、品牌、企业形象等企业标识文化。

衡量指标：企业标识显性度。

保持工作的持续性和渐进性

选定落地的工作重点内容之后，根据企业文化落地的基本规律和企业自身的情况，对所选定的基本工作在时间上做出阶段性的合理安排，确保落地工作有序展开、循序渐进。

中国移动落地工作年度目标

1. 2006 年目标

目标内涵：全面宣贯，通过强大的文化传播网络系统地宣贯企业核心理念体系，使全体员工普遍认知、基本认同中国移动企业核心理念。

主要指标：出台中国移动文化传播总体解决方案；文化传播计划完成率 x%；认知度 x%；认同度 x%；出台《领导行为规范》和《员工行为规范》；完成总部《领导行为规范》和《员工行为规范》的考核；完成“文化适应性”测评工具的开发；形成首次中国移动企业文化评估报告；出台省公司企业文化建设考核办法；完成 x 个省公司文化系统。

2. 2007 年目标

目标内涵：深化落实，将企业核心理念固化于制，用制度激励和约束全体员工，使员工把企业核心理念内化于心，高度认同企业理念。

主要指标：文化传播计划完成率 x%；认知度 x%；认同度 x%；省公司《领导行为规范》和《员工行为规范》的考核普及率达到 x%；建立 x 个试点应用“文化适应性”测评工具；形成当年文化评估报告；完成 x 个省公司文化系统。

3. 2008 年目标

目标内涵：巩固提升，进一步完善企业文化体系，全体员工把企业核心理念内化于行，自觉履行企业理念的实践要求。

主要指标：文化传播计划完成率 x%；认知度 x%；认同度 x%；

省公司《领导行为规范》和《员工行为规范》的考核普及率达到x%；全面推广应用“文化适应性”测评工具，推广普及率达到x%；形成当年文化评估报告；完成x个省公司文化系统。

第二节 企业文化落地的组织与分工

完成上述工作规划后，下一步的工作就将是责任的落实。需要强调的是，企业文化工作不是企业文化部门或者人力资源部门的独角戏，而是所有的部门、所有的管理者、所有的员工都要参与进来，并承担一定责任的工作。企业内部必须依据企业文化落地的系统要求，结合自身的组织分工情况，建立起文化落地的组织系统，逐级落实企业文化建设的责任主体，建立明确的责任体系，各司其职。

■ 企业文化建设组织体系

企业文化落地实施的组织体系一般由三个层次构成：

（一）决策指挥层：文化建设委员会主任一般由企业的一把手担任，企业的班子成员全部进入文化建设委员会，文化建设委员会一般会下设一个秘书长，负责委员会的召集，秘书长一般由企业主管人力资源和企业文化的副总裁担任。

（二）统筹谋划层：由人力资源部、工会、党群等与企业文化密切相关的部门成员组成，机构名字一般称为文化建设办公室，若设有专门的企业文化部，应包括企业文化部的全体成员。办公室主任一般由文化建设委员会的秘书长担任。

（三）实施推进层：包括各部门、各下属企业，各部门和各下属企业的负责人分别担任所在部门和企业的实施推进第一责任人。如图9－1所示。

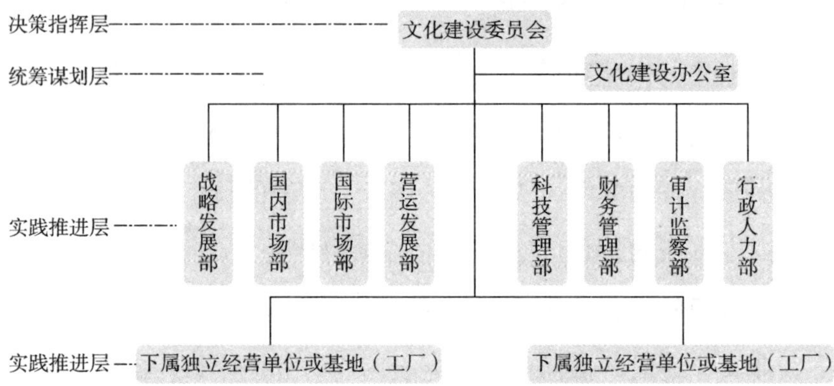

图9－1　美的集团文化组织体系

■ 各层级工作职责分工

（一）决策指挥层职责

1. 领导并推动全公司范围的企业文化建设工作；

2. 审核批准《企业文化大纲》《职业经理人行为规范》和《企业文化建设规划》等文件的修订方案；

3. 审核批准《企业文化建设年度工作计划》《企业文化建设评

估报告》；

4. 最终审核制度与文化理念的一致性，对制度与文化理念的冲突进行裁决；

5. 最终审核行为与文化理念的一致性，对行为与文化理念的冲突进行裁决；

6. 审议批准其他需要由公司企业文化建设委员会核准的事项。

（二）统筹推进层职责

1. 制订《企业文化建设年度工作计划》，提请公司企业文化建设委员会审核批准后组织实施；

2. 指导、监督和评价集团公司各部门、下属各级单位的企业文化建设工作；

3. 定期或不定期向公司企业文化建设委员会汇报企业文化建设实施情况；

4. 组织公司企业文化建设评估，编写评估报告并提交公司企业文化建设委员会审核批准；

5. 起草《企业文化建设规划》，提请公司企业文化建设委员会审核批准；

6. 根据环境和公司发展战略的变化，对文化理念和行为规范的修订提出建设性意见，提请公司企业文化建设委员会审核批准；

7. 完成其他需要由公司总部协调处理的文化建设工作事项。

（三）具体实践层职责

1. 按照上级统一部署，具体组织、实施本部门的企业文化培训；

2. 充分利用本部门拥有的各种资源，以灵活多样、切实有效的形式传播文化理念，使员工知晓、认同公司文化；

3. 以公司文化指引本部门的工作，优化制度，优化行为，不断提高绩效；

4. 将文化建设成果融入到各项规章制度和工作要求中；

5. 在对外交往中，有意识地传播公司文化；

6. 根据环境和公司发展战略的变化，对公司文化理念、行为规范的修订提出建设性意见；

7. 完成其他需要完成的文化建设方面的工作。

■ 落地主要工作管理流程

责任分工到位保证了各司其职，但部门之间如何协作，重点工作如何协同，还需要作出进一步的规定，即明确主要工作的基本流程。

计划编制、计划实施、成果评估是企业文化落地过程中的三项基本工作，由于牵涉部门较多，企业至少需在这三个方面制定出相应的管理流程。如图 9－2、9－3 和 9－4 所示。

美的集团的文化落地管理流程

（一）计划编制管理流程

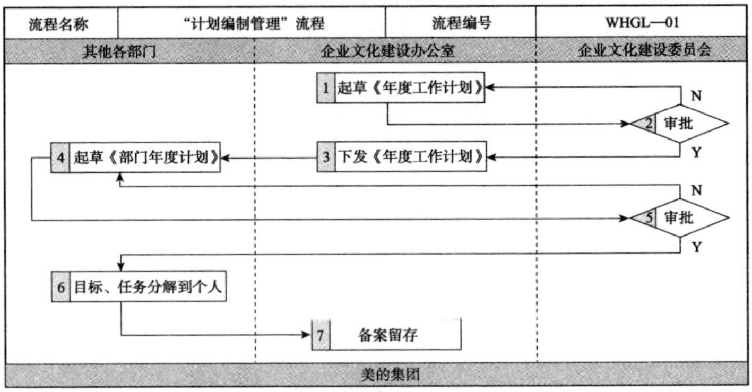

图 9－2　美的集团计划编制管理流程

（二）计划实施管理流程

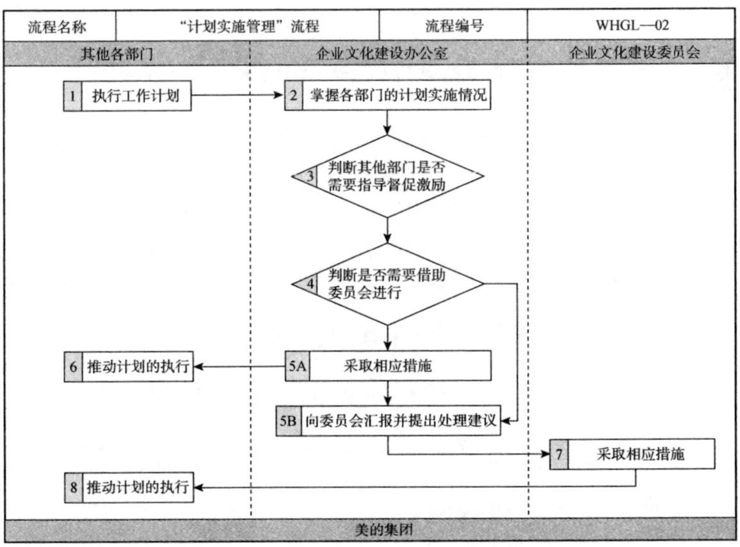

图 9－3　美的集团计划实施管理流程

（三）成果评估管理流程

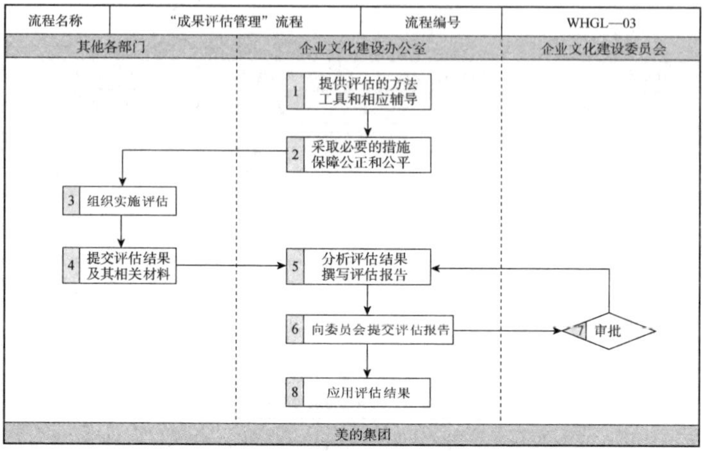

图9－4　美的集团成果评估管理流程

第三节　企业文化落地的评估与改进

闭环管理是进行有效管理的前提，文化落地管理必须遵循这一基本原则，而文化评估是整个文化落地管理过程形成闭环的关键，是承上启下，使文化落地管理得以持续的关键。通过文化评估可以检验前期落地措施的成效，保留有效措施，改进低效措施、废除无效措施，为下一步落地工作提供更好的方法；通过文化评估可以评价各级管理者在文化落地过程中的尽职情况，奖励先进，鞭策落后，为下一步的落地工作提供持续动力。

企业文化的评估分为过程性评估和结果性评估两类。过程性评估主要检查原先计划工作的实施完成情况，结果性评估则主要检验一个阶段全部落地手段的综合效果。

■ 过程性评估的指标库

过程性评估是指对企业文化落地过程所采取的各种措施活动的评估，一般每季度或半年组织一次。

如果企业有比较明确的落地规划，并在规划中详细列出了各阶段的具体工作内容，那么，详细的规划便是过程性评估的主要依据，依据规划检验各项活动和措施的组织实施情况。

一般企业的落地规划相对来讲比较粗略，特别是一些大型的企业集团，落地规划最多给出一些框架性或原则性的建议，根本无法落实到具体的活动和措施。这类企业的过程性评估一般按照“知信行”模型中的基本落地策略执行情况进行评估，如果再进一步细化为评估指标的话，一般会评估以下指标。如表 9 – 1 所示。

表 9 – 1　过程性指标库

指标编号	评估指标	指标编号	评估指标
1	培训宣贯	8	制度配合
2	物化展示	9	仪式活动
3	内部宣传	10	典型引导
4	外部宣传	11	行为标准
5	案例传播	12	行为提炼

续表

指标编号	评估指标	指标编号	评估指标
6	领导关注	13	行为推广
7	管理示范	14	行为环境

过程指标库各项指标的解释：

1. 培训宣贯：培训课件、培训场次、培训人数

2. 物化展示：营业、办公场所、办公用品、网站文化标识和理念展示

3. 内部宣传：宣传文化理念的文章、活动

4. 外部宣传：外部媒体宣传文章、外部宣传活动

5. 案例传播：文化故事的征集、整理、传播

6. 领导关注：公司的核心层对文化建设工作的重视、关注程度

7. 管理示范：公司管理团队自身行为的改变情况

8. 制度配合：公司制度、流程与文化理念的一致性情况

9. 仪式活动：公司文化仪式、文化活动的开展情况

10. 典型引导：公司对文化英雄的评比宣传情况

11. 行为标准：对行为的具体的、可操作、可考量的要求

12. 行为提炼：对文化英雄的先进行为的总结、提炼

13. 行为推广：对文化英雄的先进行为的推广

14. 行为环境：促使或诱导人们做出某种行为的各种提示性环境

不同的企业可以根据各自的情况从过程性指标库中选择其中十

个左右的指标进行评估，也可适当增加一些适合本企业的指标，与指标库中的指标结合共同形成评估中的过程性指标。

■ 结果性评估的指标库

结果性评估是指对企业文化落地措施的最终效果的评价，主要包括员工的认知度、认同度、执行度等方面的评价，一般一年组织一次。

根据我们多年实践的经验，结果性指标如表 9－2 所示。

表 9－2　结果性评估指标库

指标编号	评估指标	指标编号	评估指标
1	员工认知度	7	客户认同度
2	客户认知度	8	相关利益者认同度
3	相关利益者认知度	9	员工行为符合度
4	员工认同度	10	企业制度符合度
5	员工满意度	11	客户忠诚度
6	员工敬业度	12	社会美誉度

结果指标库各项指标的解释：

1. 员工认知度：员工对企业文化理念的知晓程度
2. 客户认知度：客户对企业文化理念的知晓程度
3. 相关利益者认知度：相关利益者对企业文化理念的知晓程度
4. 员工认同度：员工对企业文化理念的认同程度

5. 员工满意度：员工对于公司的整体满意度

6. 员工敬业度：员工对于工作的投入程度

7. 客户认同度：客户对企业文化理念的认同程度

8. 相关利益者认同度：相关利益者对企业文化理念的认同程度

9. 员工行为符合度：员工行为与企业文化理念的匹配程度

10. 企业制度符合度：企业制度政策与企业文化理念的匹配程度

11. 客户忠诚度：客户的稳定程度

12. 社会美誉度：社会各界对企业的评价

企业文化评估的应用

企业文化评估有两项基本应用。

一是应用于对各级企业文化管理者和组织者的考核，并与配套的奖惩措施相结合。企业文化落地推进若想保持持续的动力，必须对各级文化管理者和组织者的工作进行考核和评价，并将其评价结果纳入整体考核，并与最终的奖惩挂钩。这一机制非常必要，因为企业文化建设见效慢，很多部门不愿意在文化建设上投入必要的精力，他们更愿意做一些能够短期见利见效的事情，而评价考核机制是对这种倾向的有效修正。

二是应用于下一阶段的落地规划，为进一步的落地规划提供依据。有效的文化评估既是对企业现阶段文化状况摸底，也是对前期各种文化落地措施效果的评价，新阶段的规划既要考虑现阶段的文化现状，又要考虑到合适有效的方法和措施，文化评估结论对两个方面都是有价值的。

有了企业文化评估，整个文化落地管理系统才真正形成一个持续的闭环管理系统。文化评估既是前一个阶段的结束，又是下一个阶段的开始。**如果说文化落地是一场长距离的汽车拉力赛，那么文化评估即是漫长赛程中的一个个维修补给站点，没有哪一辆汽车能够不依赖维修补给站而顺利跑完全程。**

博瑞森管理丛书

	书名及作者	内容简介
1	《让管理回归简单》升级版 宋新宇著	宋博士针对企业中最棘手、最现实的管理问题,为管理提出简单易行的解决方案
2	《让经营回归简单》升级版 宋新宇著	宋博士告诉你经营的秘诀,帮你迅速突破增长的瓶颈
3	《让用人回归简单》 宋新宇著	宋博士帮助中小企业的管理者找到适合自己企业的用人之道
4	《卖轮子:选择最佳营销方式》 【美】杰夫·科克斯等著	本书是一本特好玩的营销启蒙书,写的是古埃及的一对夫妇和他们的四个销售员一起把石头轮子卖到全国各地赚了大笔钱的神奇经历
5	《涨价也能卖到翻》 【日】村松达夫著	让每个顾客在你的产品上、在你的店里掏出更多的钱,让你的东西涨价也能卖到翻
6	《中层领导力》 【韩】崔秉权等著	帮助中层管理者认清自身管理上的不足,快速提升领导力,更好地激发团队工作热情,实现下属、自身、企业的多赢
7	《边干边学做老板》 黄中强著	本书将作者在公司经营、管理中的经验教训全盘托出,介绍了做老板必须注意的86个要害
8	《学话术　卖产品》 张小虎著	分析常见的顾客异议,提出破解方案,将复杂的销售程序化,将优秀的话术模块化,让普通导购员也能成为销售精英
9	《为什么你的公司没长大》 田友龙著	本书将小老板的众生相在笔端刻画得淋漓尽致,更值得小老板们反复思量
10	《产品炼金术》 史贤龙著	告诉你打造畅销品的新思维与好方法
11	《营销破局八大策略》 崔自三著	本书为企业在营销过程中各个层面的问题给出了精细、系统的解决方案,旨在帮助企业走出营销困局
12	《白酒营销的第一本书》 唐江华著	国内第1部白酒营销实战指导图书! 帮你打开白酒营销大门!
13	《用流程解放管理者》 张国祥著	国内第1部针对企业的流程管理实战图书! 实现流程管理从无到有、从有到全
14	《传统行业如何用网络拿订单》 张进著	国内第1部针对中小企业的网络实战指导图书! 作者以自己10多年的网络营销经验和研究积累为基础,为你带来最具实战性的建议
15	《公司的浪费是如何产生的》 刘孝明著	作者针对企业里各种浪费现象并结合现实场景,直指造成浪费的根源,提示管理者及时堵住各类漏洞
16	《中小企业如何建品牌》 梁小平著	国内第1部中小企业建品牌操作实务型图书! 作者结合丰富的品牌咨询经验和亲身指导案例,分四步指导企业自建品牌

续表

	书名及作者	内容简介
17	《成为优秀的快消品区域经理》伯建新著	掌控市场＋内部管理＋常见误区＋工具箱＋自我提升，37 个“怎么办”全面系统分析区域经理的工作关键点
18	《一位销售经理的工作心得》蒋军著	专为销售管理者而著的实战指导图书。从实际出发，作者用自己的亲身经历给予读者来自管理一线的经验
19	《7 个转变，让公司 3 年胜出》李蓓著	以变应变，变中超越。本书为力图求变但又不想成为先烈的管理者指明了方向：从“企业估值”、“业务模式”、“营销”、“生产制造”、“客户服务”、“用户黏性”到“组织管理”，7 个转变让公司 3 年胜出
20	《用数字解放营销人》黄润霖著	从营销中的各个问题出发，教会读者如何运用“营销的数字技术”，并能够运用公式和真实可见的数据来赢得市场和管理团队
21	《乳业营销第 1 书》侯军伟著	乳业营销的第 1 本书！从区域性乳品企业的实际情况出发，捕捉到他们最大的特点和现实中存在的关键问题，梳理出一条清晰的脉络，并提出了明确的解决方法
22	《公司由小到大要过哪些坎》卢强著	展示企业在试错阶段、突围阶段、转型阶段分别会遇到的具体问题，分析了企业的成功基因在各个阶段分别发挥的作用
23	《食用油营销第 1 书》余盛著	从食用油的概况入手，小包装食用油的营销常识、品牌战略、营销方法，以及细分品类分类营销手段
24	《麻烦就是需求，难题就是商机》卢根鑫著	通过从顾客身上不断发掘客户真正强烈的价值需求，选择合适的产品载体，帮你挖掘出市场真实需要的商机
25	《新医改下的医药营销与团队管理》史立臣著	本书立足最新医改政策的解读，提供丰富的本土企业实践案例，为民营医药企业指明方向，提供变革之路以及具体的方法措施
26	《跳出行业同质思维，从跟随到领先》郭剑著	变革时代企业成长的核心逻辑在于模式创新，模式创新的本质是企业全员特别是企业家的思维创新
27	《本土化人力资源管理 8 大思维》周剑著	立足中国本土实践，针对民营中小企业的独特的人力资源问题提出了一个系统、实用的新理论，从实际出发，帮助中小企业重新认识和解决企业中人的问题

CHINA STONE 华夏基石

华夏基石丛书(2013 春季)

	书名及作者	内容简介
1	《农资营销实战全指导》 张博　著	农资营销实战的第 1 本书！如何找到提高销售效率和服务价值的营销模式是整个农资行业的重要命题，而本书就为您提供了完美答案
2	《升级你的营销组织》 程绍珊　吴越舟　著	帮助企业管理者打造区域营销平台，管理企业营销队伍，灵活应对人员成本等各项营销费用的飞速上涨，建立职能健全、系统协同、高效运作的营销管理体系
3	《建材家居营销实务：新环境、新战法》 程绍珊　杨鸿贵　著	站在营销模式创新的角度，为行业、企业营销开辟了一条新道路，并提供了具体的操作方法与参考案例供读者切实学习使用
4	《精品银行管理之道》 崔海鹏　何屹　主编	本书提出打造精品银行是中小银行发展的战略选择，并从产品、业务、经营、客户、风险、团队等多个角度入手，全面又贴合实际地为读者提供行之有效的方法
5	《华夏基石方法：企业文化落地本土实践》 王祥伍　谭俊峰　著	本书帮助企业老总系统了解企业文化，作者对企业文化落地做了细致严谨的分析，并逐一罗列各种形式及方法，一一破解各种关于企业文化意识形态的误区，穿插十分丰富、适当的案例
待出版，敬请关注！		
6	《阿米巴经营模式中国实践》 李志华　著	阿米巴经营理论来自于管理学泰斗稻盛和夫，本书将该理论进行了中国本土化的发散和拓展，形成一套专业完整的体系，具有很强的工具性及学术、实战价值
7	《首轮胜出后，企业如何二次突围》 苗兆光　著	本书定位于中间型企业，这类企业面临企业成长瓶颈，需要可持续发展的动力，本书从企业战略、管理、组织、产品等方面逐个击破，通过实战案例解答困惑，给予读者切实的帮助
8	《企业家、经理人如何共生共赢》 陈明　著	从企业家和经理人尤其是“空降经理人”共生的角度出发，发现问题、化解矛盾，让沟通变得简单、透明，让双方实现共赢
9	《白酒经销商的第 1 本书》 付文利　著	写给白酒经销商的第 1 本书，扎根行业特色，对白酒经销商如何拓展市场、规范自己的管理体系，给出了一个系统、专业的框架
10	《灰度领导艺术》 彭剑锋　著	解析了在企业现实条件下，需要进行的开放的、妥协的、包容的灰度领导艺术，总结灰度的十大特点，及其对管理和领导产生的影响
11	《以 KPI 为核心的绩效考核》 孙波　著	本书所阐述的绩效管理系统是基于能力的人力资源开发与管理体系的核心组成部分，是以任职资格体系为基础、以 KPI 为导向，管理与客观评价员工的价值创造行为，并引导员工提高绩效和职业能力的一套机制和方法
12	《全面薪酬管理体系设计》 全怀周　著	本书以作者在咨询过程中遇到的实际案例为基础，帮助企业建立相对公平的薪酬体系
13	《集团化人力资源管理》 李小勇　著	系统性阐述了集团化人力资源管理方面的内容，适合集团企业的人力资源专业人员阅读学习

博瑞森管理丛书
征稿启事

当中国和中国企业崛起成为全球共识,本土管理咨询、管理研究与创新正随之兴起。

谁是中国企业最信任、最渴求的管理专家?

何种管理思想、方法更适合当下中国企业?

博瑞森图书联合国内诸多管理专家、专业媒体、出版社向本土管理咨询师、企业管理者、管理研究者征稿!希望通过“博瑞森图书”这一本土管理图书的出版平台,为广大管理专家提供研究、创新成果展示机会,让更多有利于中国企业崛起的好思想、好方法迸发出来,为企业助力,为中国加油!

无论您目前是否已有待出版的内容,只要您认为自己的思想符合我们的出版方向、标准,请您与我们联系,将您的个人简介、或博客链接、或文章等相关个人资料发送到:bookgood@126.com.我们将会协助您策划图书选题方向、整理内容资料、制定写作计划,并按照商业化出版模式出版、发行、推广您的作品。我们在为读者寻找好内容、出版好书,所以**特别说明:此活动绝非“自费出书”,不向作者收取任何成本、费用。**

其他联系方式:010-84645015 qq:1963328416

博瑞森图书已出版图书示例:《让管理回归简单》、《让经营回归简单》、《让用人回归简单》、《中层领导力》、《涨价也能买到翻》、《用流程解放管理者》、《边干边学做老板》、《卖轮子》(获2010年和讯年度图书奖)、《交易心理分析》(获2011年度上海“第一财经日报”投资图书奖)。